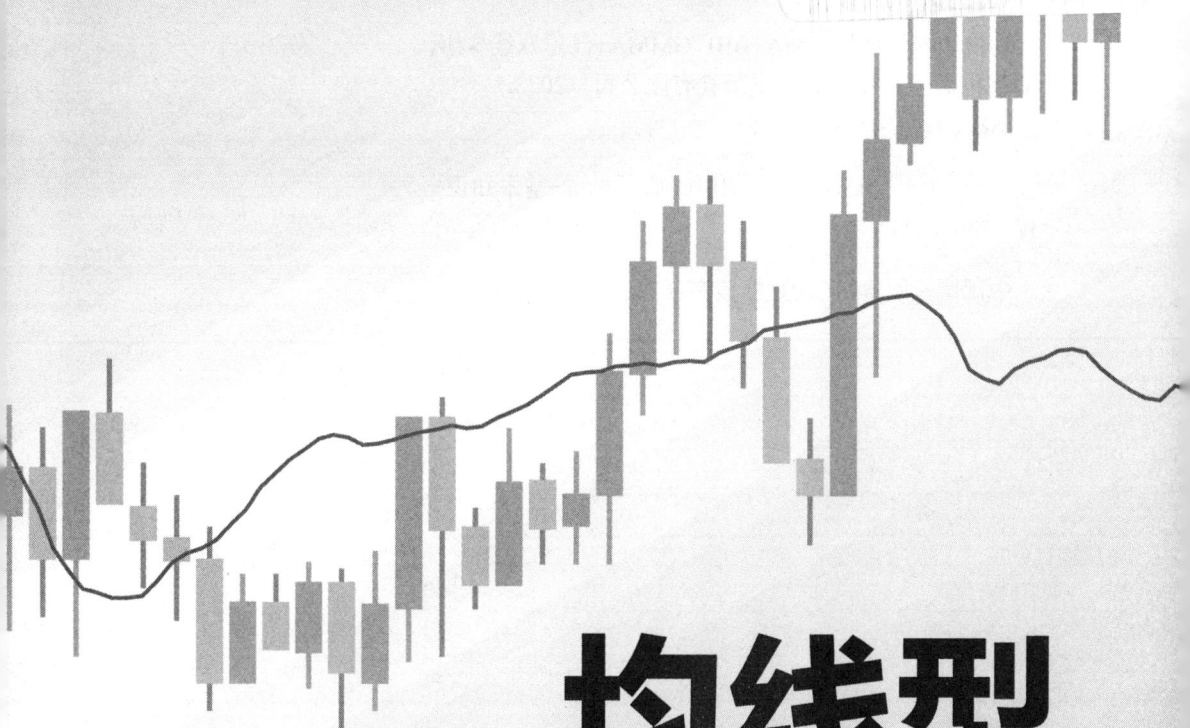

均线型指标精讲

刘 柯◎编著

MA+BBI+GMMA+江恩八线

中国铁道出版社有限公司
CHINA RAILWAY PUBLISHING HOUSE CO., LTD.

图书在版编目（CIP）数据

均线型指标精讲：MA+BBI+GMMA+江恩八线/刘柯
编著.—北京：中国铁道出版社有限公司，2023.7
ISBN 978-7-113-30041-8

Ⅰ.①均… Ⅱ.①刘… Ⅲ.①股票投资-基本知识
Ⅳ.①F830.91

中国国家版本馆CIP数据核字（2023）第046643号

书　　名：均线型指标精讲——MA+BBI+GMMA+ 江恩八线
　　　　　JUNXIANXING ZHIBIAO JINGJIANG: MA+BBI+GMMA+JIANGEN BA XIAN
作　　者：刘　柯

责任编辑：杨　旭　　编辑部电话：（010）63583183　　电子邮箱：823401342@qq.com
封面设计：宿　萌
责任校对：刘　畅
责任印制：赵星辰

出版发行：中国铁道出版社有限公司（100054，北京市西城区右安门西街8号）
印　　刷：北京联兴盛业印刷股份有限公司
版　　次：2023 年 7 月第 1 版　2023 年 7 月第 1 次印刷
开　　本：710 mm×1 000 mm 1/16　印张：13　字数：180 千
书　　号：ISBN 978-7-113-30041-8
定　　价：69.00 元

对于大部分股市投资者来说，技术分析是炒股过程中极为关键的一环，无论是对买点的分析或是对卖点的判断，还是对趋势的研究，都离不开技术分析的辅助。

尽管技术分析的方式方法有很多，分析对象和目的也各不相同，但其中的一大类分支始终占据着重要地位，那就是技术指标。

技术指标涵盖广阔，分类众多，其中均线型指标是比较受投资者青睐的一类指标。因其使用方式简便、实战研判能力强、功能多样且实用等多项优点，现已经成为技术指标中的重要分支。

比较常见的均线型指标主要包括 MA 指标、BBI 指标线、GMMA 指标、江恩八线等。其中，MA 指标是最为常用的均线型指标之一，它包含移动平均的概念，能从多方面反映市场变动的原理及平均成本的波动，同时，它也是许多均线型指标编制的基石，如 BBI 指标线、GMMA 指标和江恩八线，就是在 MA 指标的基础上，结合其他理论或技术编制而成的均线型指标。这三个指标在一定程度上继承了 MA 指标的功能和特性，但在其他方面又具有独特的表现，能够从多种角度帮助投资者确定合适的买卖位置。

正因均线型指标的优秀实战作用和丰富的功能特性，投资者有必要对其构成原理和使用方式进行深入了解，于是笔者编著了该书。

全书共六章，可划分为三部分：

◆ 第一部分为第 1～2 章，从 MA 指标的基本组成、功能特性、买卖技巧及特殊买卖形态等方面来分析和讲解，阅读此部分内容有助于投资者了解 MA 指标的内在原理与实战操作方式，同时也为学习其他均线型指标打下基础。

◆ 第二部分为第 3～5 章，分别对 BBI 指标线、GMMA 指标和江恩八线进行了详细介绍与解析，包括每个指标的特色功能和使用方法等，阅读此部分内容有助于投资者了解其他均线型指标的不同之处。

◆ 第三部分为第 6 章，介绍四个均线型指标与其他类型的技术指标结合的实战应用，主要包括 MACD 指标、KDJ 指标、RSI 指标及布林指标，阅读此部分内容可以帮助投资者从多种角度分析买卖时机，从而提高操盘成功率。

书中内容从基础的 MA 指标开始，一直介绍到复杂的江恩八线，以由浅至深的方式来帮助投资者一层层深入了解。同时，全书将理论与实际案例搭配，互相印证，能够有效提高投资者的学习效率。

最后，希望读者通过对书中知识的学习，提升自己的炒股技能，从而收获更多的投资收益。不过仍然要提醒大家：任何投资都有风险，也希望广大投资者在入市和操作过程中谨慎从事，降低风险。

编　者

2023 年 3 月

目录

第 1 章 MA 指标基本功能与特性精解

MA 指标属于均线型指标的一种，也是均线型指标中最常用的一种，一般会作为默认的主图指标叠加在 K 线图中。MA 指标的功能众多，使用方式也比较简单，适用于大部分投资者。

1.1 MA 指标的基本认知及其功能介绍 002

1.1.1 MA 指标的认识与设置 002

1.1.2 指标的助涨助跌功能 006

实例分析 东方盛虹（000301）均线助涨助跌功能分析 007

1.1.3 MA 指标能反映市场持仓成本 008

实例分析 朗姿股份（002612）借助均线分析市场持仓成本 009

1.1.4 判断买卖点的功能 010

实例分析 奥佳华（002614）利用均线判断买卖点的分析 011

1.2 不同时间周期的 MA 线 012

1.2.1 短期均线的使用方法 013

实例分析 露笑科技（002617）短期均线组合的使用分析 013

1.2.2 中期均线的操作方法 014

实例分析 双环传动（002472）中期均线组合的使用 015

1.2.3 长期均线适用于长线投资者 016

实例分析 国科微（300672）长期均线组合的使用 017

1.2.4 超长期均线用于评价估值 019

实例分析 万科 A（000002）超长期均线组合的使用 019

1.3 MA 指标的发散、扭转与修复 020

1.3.1 均线黏合后的发散 021

实例分析 钧达股份（002865）均线黏合后向上发散形态分析................022

实例分析 航天发展（000547）均线黏合后向下发散形态分析................023

1.3.2 均线交叉后的发散..025

实例分析 鲁阳节能（002088）均线交叉后向上发散形态分析................026

实例分析 韦尔股份（603501）均线交叉后向下发散形态分析................027

1.3.3 高位的均线扭转..028

实例分析 中联重科（000157）在高位的均线扭转分析....................029

1.3.4 低位的均线扭转..030

实例分析 中矿资源（002738）在低位的均线扭转分析....................031

1.3.5 均线的主动修复..032

实例分析 振江股份（603507）均线主动修复分析........................033

1.3.6 均线的被动修复..034

实例分析 中核钛白（002145）均线被动修复分析........................035

第2章 MA 指标特殊形态买卖实战

MA 指标的特殊买卖形态在均线的技术分析中具有重要地位，是投资者用于决策买卖点的关键工具。MA 指标的特殊形态既包括均线组合自身交叉变动构成的形态，也包括与股价共同配合形成的形态。

2.1 葛兰威尔八大买卖法则..038

2.1.1 买点 1：黄金交叉..039

实例分析 招商积余（001914）买点 1 分析............................039

2.1.2 买点 2：回踩不破..040

实例分析 亿纬锂能（300014）买点 2 分析............................041

2.1.3 买点 3：小幅跌破..042

实例分析 药明康德（603259）买点 3 分析............................043

2.1.4 买点 4：乖离过大..044

实例分析 泸州老窖（000568）买点 4 分析............................045

2.1.5 卖点 1：死亡交叉..046

实例分析 埃斯顿（002747）卖点 1 分析..............................047

2.1.6　卖点 2：反弹不过......048

实例分析 长城科技（603897）卖点 2 分析......049

2.1.7　卖点 3：小幅突破......050

实例分析 大参林（603233）卖点 3 分析......051

2.1.8　卖点 4：乖离过大......053

实例分析 小康股份（601127）卖点 4 分析......053

2.2　MA 指标的特殊买入形态......054

2.2.1　金银山谷......055

实例分析 恒通股份（603223）金银山谷买点解析......056

2.2.2　多头排列......057

实例分析 江海股份（002484）多头排列买点解析......058

2.2.3　逐浪上升......059

实例分析 山西汾酒（600809）逐浪上升买点解析......060

2.2.4　蛟龙出海......061

实例分析 宁德时代（300750）蛟龙出海买点解析......062

2.3　MA 指标的特殊卖出形态......063

2.3.1　死亡谷......063

实例分析 坚朗五金（002791）死亡谷卖点解析......064

2.3.2　空头排列......065

实例分析 三棵树（603737）空头排列卖点解析......066

2.3.3　断头铡刀......067

实例分析 春风动力（603129）断头铡刀卖点解析......067

2.3.4　多头背离......068

实例分析 浙江鼎力（603338）多头背离卖点解析......069

第 3 章　BBI 指标帮助确认多空趋势

　　BBI 指标也称为多空指标，与 MA 指标一样，都是均线型指标的一种。不过，BBI 指标仅由一条平均线构成。这条平均线是混合了多条移动平均线进行计算的，既有短期移动平均线的灵敏特征，又有中期均线的趋势特征。

3.1 BBI 指标的多种功能..072

3.1.1 指标对股价的支撑与压制...073

实例分析 友讯达（300514）BBI 指标对股价的支撑与压制作用分析.......074

3.1.2 持股成本的近似代替...075

实例分析 平潭发展（000592）BBI 指标对持股成本的近似代替分析.......075

3.1.3 趋势的多空分界线...076

实例分析 龙洲股份（002682）BBI 指标线对多空趋势的划分...............077

3.2 BBI 指标的基础买卖操作...078

3.2.1 股价上穿 BBI 指标线..078

实例分析 联德股份（605060）股价突破 BBI 指标线的买点分析...........079

3.2.2 股价跌破 BBI 指标线..081

实例分析 中京电子（002579）股价跌破 BBI 指标线的卖点分析...........081

3.2.3 BBI 指标运行在股价以下...083

实例分析 长城军工（601606）BBI 指标运行在股价以下分析...............083

3.2.4 BBI 指标运行在股价以上...085

实例分析 日盈电子（603286）BBI 指标运行在股价以上分析...............085

3.3 BBI 指标与 K 线形态结合..087

3.3.1 V 形底的买入形态...087

实例分析 宇通重工（600817）BBI 指标与股价的 V 形底分析...............088

3.3.2 双重底的买入形态...089

实例分析 顺灏股份（002565）BBI 指标与股价的双重底分析...............090

3.3.3 头肩底的买入形态...091

实例分析 新泉股份（603179）BBI 指标与股价的头肩底分析...............092

3.3.4 潜伏底的买入形态...093

实例分析 广宇发展（000537）BBI 指标与股价的潜伏底分析...............094

3.3.5 倒 V 形顶的卖出形态..096

实例分析 中锐股份（002374）BBI 指标与股价的倒 V 形顶分析...........096

3.3.6 双重顶的卖出形态...097

实例分析 普洛药业（000739）BBI 指标与股价的双重顶分析...............098

3.3.7　头肩顶的卖出形态 100

实例分析 泰达股份（000652）BBI 指标与股价的头肩顶分析 100

第 4 章　GMMA 指标判断行情变化

GMMA 指标也是均线型指标的一种。实际上，GMMA 指标就是在移动平均线的基础上设计的一种组合型指标，它是通过不同周期的均线组合对比及形态变化来判断合适的买卖点，总之，GMMA 具有非常高的参考价值。

4.1　GMMA 指标的基本功能 104

4.1.1　区分震荡行情与单边行情 105

实例分析 赤峰黄金（600988）顾比均线对行情的区分解析 105

4.1.2　及时止盈止损信号 107

实例分析 安科瑞（300286）顾比均线止盈止损位分析 107

4.2　顾比指标在强趋势中的应用 109

4.2.1　指标组合向上发散 109

实例分析 长春高新（000661）顾比均线向上发散形态分析 109

4.2.2　指标组合向上聚拢 110

实例分析 完美世界（002624）顾比均线向上聚拢形态分析 111

4.2.3　指标组合在向上聚拢中平移 112

实例分析 国科微（300672）顾比均线在向上聚拢中平移形态分析 112

4.3　顾比指标在弱趋势中的应用 114

4.3.1　指标组合向下发散 114

实例分析 通富微电（002156）顾比均线向下发散形态分析 114

4.3.2　指标组合向下聚拢 116

实例分析 嘉欣丝绸（002404）顾比均线向下聚拢形态分析 116

4.3.3　指标组合在向下聚拢中平移 117

实例分析 海宁皮城（002344）顾比均线在向下聚拢中平移形态分析 118

4.4　顾比指标与顾比倒数线的结合 119

4.4.1　上涨初期的入场线 120

实例分析 金辰股份（603396）顾比均线与入场线结合使用分析............120

4.4.2 股价高位的止盈线..123

实例分析 中国宝安（000009）顾比均线与止盈线结合使用分析............123

4.4.3 股价下跌后的止损线..124

实例分析 龙津药业（002750）顾比均线与止损线结合使用分析............125

4.4.4 强趋势中的短期入场线..126

实例分析 江山欧派（603208）顾比均线与短期入场线结合使用分析......127

第 5 章　江恩八线快速定位操作点

江恩八线是通过对威廉·江恩创建的江恩理论的研究，再结合均线理论设计出的一个指标。江恩八线的出现，将部分江恩理论直接转化为买卖点，方便投资者理解与使用，是一个实战性非常强的均线型指标。

5.1 初识江恩八线...130

5.1.1 江恩八线的指标设置...130

5.1.2 指标修正后的不同代码...133

5.2 江恩八线中工作线的应用...136

5.2.1 股价上穿工作线..137

实例分析 金盘科技（688676）股价上穿工作线分析...............137

5.2.2 股价击穿工作线..138

实例分析 赛为智能（300044）股价击穿工作线分析...............139

5.2.3 线上阴线买...140

实例分析 永东股份（002753）线上阴线买进分析...................141

5.2.4 线下阳线卖...142

实例分析 南兴股份（002757）线下阳线卖出分析...................143

5.3 四号箱体及其工作线的交叉形态...............................144

5.3.1 下跌箱体中的卖出点...146

实例分析 蓝黛科技（002765）下跌箱体中的卖点分析...........146

5.3.2 上涨箱体中的买入点...147

实例分析 钧达股份（002865）上涨箱体中的买点分析 148

5.3.3 震荡箱体中的短线操作 149

实例分析 中通客车（000957）震荡箱体中的操作分析 150

5.3.4 工作线与箱体顶部的死叉 151

实例分析 东方盛虹（000301）工作线与箱体顶部的死叉分析 151

5.3.5 工作线与箱体底部的金叉 153

实例分析 华正新材（603186）工作线与箱体底部的金叉分析 153

5.4 结合江恩角度线的操作 155

5.4.1 江恩八线与角度线的共振买入点 157

实例分析 昊华能源（601101）江恩八线与角度线的共振买点分析 158

5.4.2 江恩八线与角度线的共振卖出点 160

实例分析 大豪科技（603025）中江恩八线与角度线的共振卖点 160

第 6 章 均线型指标与其他指标结合

均线型指标在使用时，尽管各自的功能和应用方式有所不同，但整体都是围绕均线这一概念设计的，在某些方面总会有一定的相似，发出的信号具有重复性。而如果将这些指标与其他类型的指标适当结合，就可以在一定程度上弥补均线型指标的不足，进而提高操作成功率。

6.1 MA 指标与 MACD 指标结合 164

6.1.1 MACD 指标基本认知 164

6.1.2 MACD 指标低位金叉时 MA 指标向上扭转 168

实例分析 中国平安（601318）MACD 指标低位金叉时 MA 指标

向上扭转分析 169

6.1.3 MACD 指标高位死叉时 MA 指标向下扭转 170

实例分析 航天发展（000547）MACD 指标高位死叉时 MA 指标

向下扭转分析 171

6.1.4 MA 指标产生发散时 MACD 指标多空转变 172

实例分析 国际医学（000516）MA 指标产生发散时 MACD 指标

多空转变分析 173

6.2 BBI 指标与 KDJ 指标的操作 175

　6.2.1　什么是 KDJ 指标 175

　6.2.2　BBI 指标支撑股价时 KDJ 指标上扬 177

　　　实例分析 长航凤凰（000520）BBI 指标支撑股价时 KDJ 指标上扬分析.....178

　6.2.3　BBI 指标压制股价时 KDJ 指标下滑 179

　　　实例分析 岭南控股（000524）BBI 指标压制股价时 KDJ 指标下滑分析...179

　6.2.4　KDJ 指标交叉时 BBI 指标的变动情况 181

　　　实例分析 石化机械（000852）KDJ 指标交叉时 BBI 指标的变动情况

　　　　　分析 182

6.3 GMMA 指标与 RSI 指标应用 184

　6.3.1　初步认识 RSI 指标 184

　6.3.2　GMMA 指标下滑时 RSI 指标跌破低点 185

　　　实例分析 三棵树（603737）GMMA 指标下滑时 RSI 指标跌破低点

　　　　　分析 185

　6.3.3　GMMA 指标上扬时 RSI 指标突破高点 187

　　　实例分析 石英股份（603688）GMMA 指标上扬时 RSI 指标突破高点

　　　　　分析 187

6.4 江恩八线与布林指标的结合 188

　6.4.1　初识布林指标 188

　6.4.2　工作线下跌时布林通道开口 190

　　　实例分析 永冠新材（603681）工作线下跌时布林通道开口卖出分析 190

　6.4.3　工作线上涨时布林通道开口 192

　　　实例分析 火炬电子（603678）工作线上涨时布林通道开口买入分析 192

第1章

[MA指标基本功能与特性精解]

　　MA指标属于均线型指标的一种，也是均线型指标中最常用的一种，一般会作为默认的主图指标叠加在K线图中。MA指标的功能众多，使用方式也比较简单，适用于大部分投资者，本章就将对其基本功能与特性进行详细介绍。

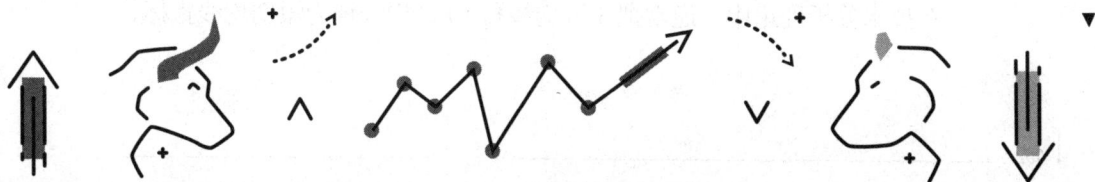

1.1 MA 指标的基本认知及其功能介绍

MA（Moving Average）指标全称移动平均线，简称均线，是投资者在看盘过程中常涉及的一项指标。它是以每日收盘价作为计算依据，以不同时间长度作为计算周期，所得出的没有偏向性的平均值曲线。

均线指标之所以如此关键，还能被当作默认的主图指标，与其强大的功能、简单易懂的使用方式及特殊的性质是分不开的，投资者需要对其进行重点掌握。

1.1.1 MA 指标的认识与设置

MA 指标主要由各种不同时间周期的均线构成，均线的数量和每条均线的周期都是可以设置的。下面先来了解均线的构成。

（1）认识 K 线图中的均线

一般来说，均线组合有几个比较常见的搭配，如 1 日均线、3 日均线、5 日均线、10 日均线的组合；5 日均线、10 日均线、30 日均线、60 日均线的组合；30 日均线、60 日均线、120 日均线、240 日均线的组合等。图 1-1 所示为 5 日均线、10 日均线、30 日均线及 60 日均线在 K 线图中的应用。

从图 1-1 可以看到，5 日均线的波动幅度最大，与股价也最为贴合，但对趋势的预示作用就要差很多。相反的，60 日均线的敏感度最低，常常在股价产生变动后很久才有所变化，但其对趋势的预示是比较强的。

因为时间周期的不同，均线就会像图 1-1 一样，产生不同的走势表现或各种交叉形态。这些不同的位置关系与交叉形态，就是投资者研判的依据之一。

在技术分析理论中，通常把 5 日均线和 10 日均线视为短期均线指标，是短线操作的参照；将 30 日均线和 60 日均线视为中期均线指标，是中线操作的参照；将 120 日均线和 240 日均线视为长期均线指标，是长线操作的参照。

不过这都是相对来说的，并没有严格的规定，比如 30 日均线相对于480 日均线来说，就可以称为短期均线。因此，这些周期的划分都是基于对比而存在的，投资者不必过于纠结。

在 K 线图上方框选的位置是当前均线的周期参数，冒号后跟随的数据为当日均线的值。单从数据上来看，可以将其视作不同时间周期内入场投资者的持仓成本，这一点会在后面的内容中详细介绍。

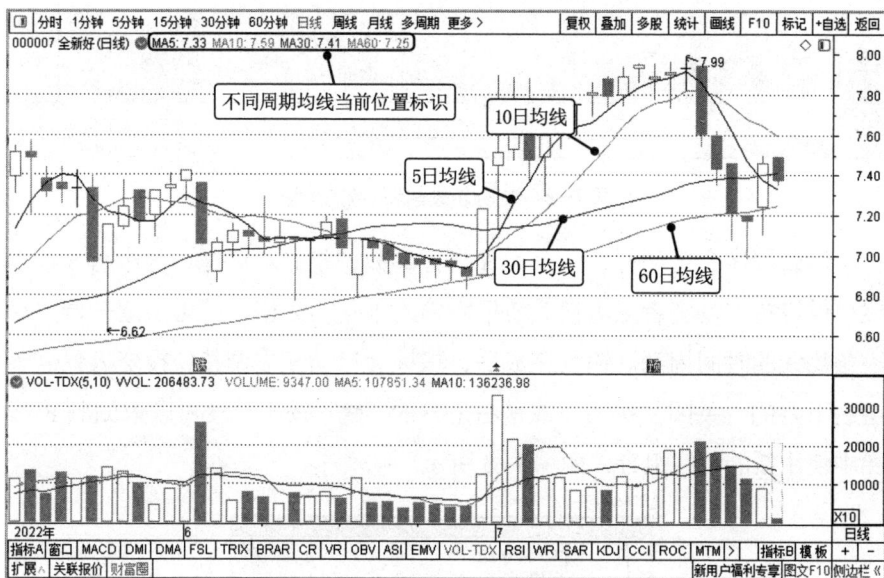

图 1-1 K 线图中的均线组合

（2）均线的设置方式

不同的投资者会根据需要选择合适的均线周期，那么，均线的周期如何修改呢？下面就来具体介绍。

首先，投资者进入 K 线图中，选中任意一条均线，右击即可弹出一个快捷菜单，选择其中的"调整指标参数"命令，如图 1-2 所示。

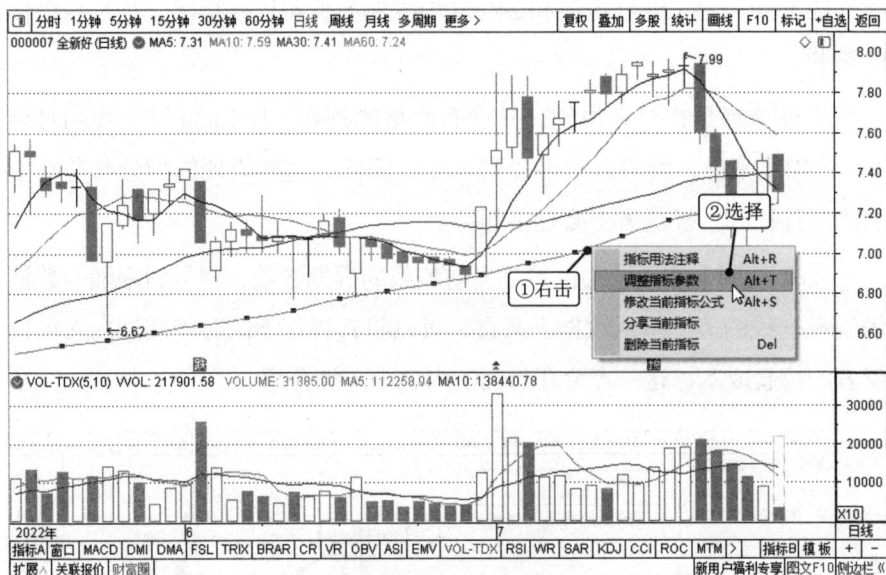

图 1-2　设置均线指标参数的步骤

　　然后程序会自动打开一个 MA 指标参数调整的对话框，其中有 8 条均线可供设置。投资者只需在数值框中输入不同的数据，就可以逐一调整每一条均线的时间周期。输入完成后，指标会自动完成调整，投资者只需单击右下方的"关闭"按钮，或是右上方的"▓"按钮，就可以返回到 K 线图中使用新的均线组合，如图 1-3 所示。

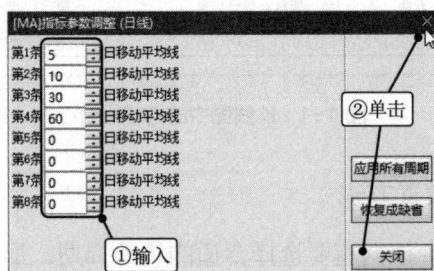

图 1-3　修改 MA 指标的时间周期

　　不过这只是最基础的修改时间周期的操作，投资者如果有更多设置需求，还可以在图 1-2 的快捷菜单中选择"修改当前指标公式"命令，打开"指标公式编辑器"对话框，如图 1-4 所示。

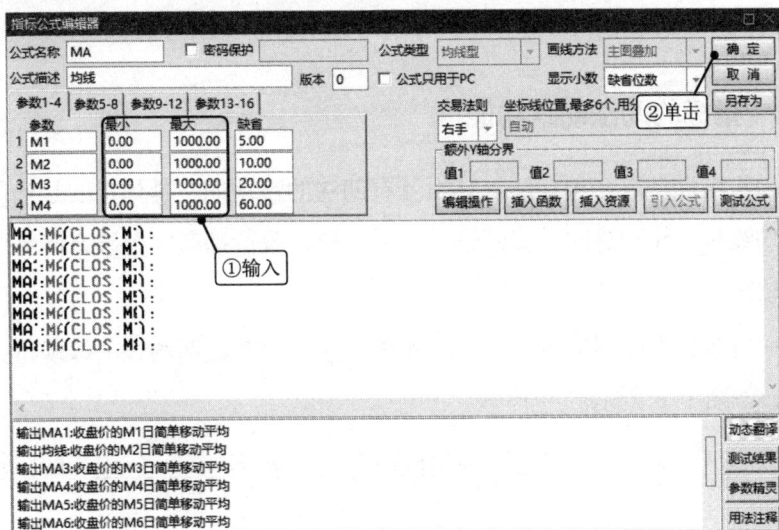

图 1-4　MA 指标公式的设置

打开指标公式编辑器后投资者将有更多的设置选择。不过需要注意的是，均线作为炒股软件的系统指标，其公式是不允许修改的，即中间列表框中的代码，画线方式也只能是叠加在主图中。不像非系统指标，可以任意修改指标公式，或是将指标移到副图中展示，甚至改变指标颜色等。

不过，投资者可以修改每条均线默认的最大周期和最小周期，这是比较重要和常用的。

一般来说，均线指标默认的最大周期为 1 000，最小周期为 0，这足以满足大部分投资者的需求。

但如果投资者想使用超长期均线，如 1 200 日均线时，在简单的参数调整对话框中是无法设置的，这时候就要到"指标公式编辑器"对话框中进行最大周期的调整。

投资者只需在最大周期的数值框中将对应均线的最大值修改为想要

的值，然后单击右上方的"确定"按钮即可。调整最小周期也是一样的操作，这样一来，投资者就可以在简单的参数设置窗口中大幅上调均线的周期了。

1.1.2　指标的助涨助跌功能

均线指标具有多种功能，其中就有助涨助跌功能，具体指的是当股价突破均线时，无论是向上突破还是向下突破，股价都有向突破方向继续运行的意愿。

均线在其中起到支撑和压制的作用，这一点在长期均线上体现得尤为明显，如图 1-5 所示。

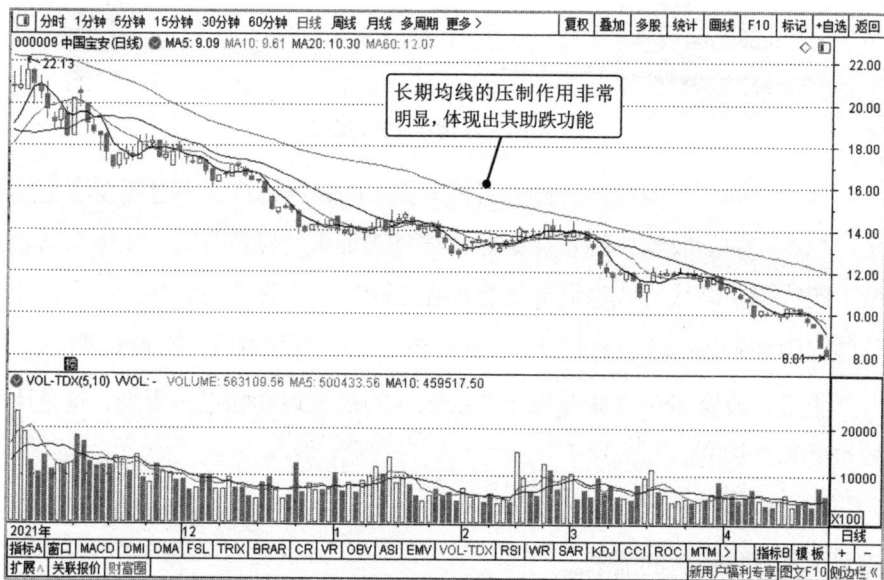

图 1-5　均线的助跌功能

从图 1-5 可以看出，在长时间的下跌过程中，60 日均线起到了强力的压制作用，几乎全程覆盖在 K 线上方，体现出了明显的助跌作用。

时间周期越长的均线，助涨助跌的作用会越强。因此，投资者在实际使用均线时，就可以利用这一特性确定买卖点。

下面来看一个具体的案例。

实例分析

东方盛虹（000301）均线助涨助跌功能分析

图1-6所示为东方盛虹2021年5月到2022年3月的K线图。

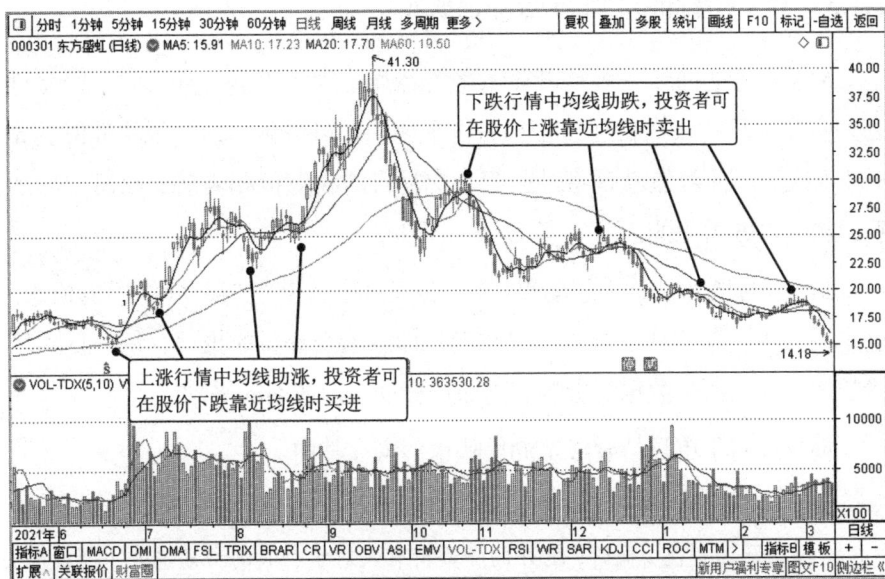

图1-6 东方盛虹2021年5月到2022年3月的K线图

从K线图中可以看到，东方盛虹正处于行情转势的位置。在5月期间，股价已经进入了上涨后的盘整阶段，进入6月后，股价就开始了逐步下滑，一直跌落到60日均线附近才受到支撑重新上涨。此时，均线的支撑作用显露，整体保持着助涨状态。

在后续的上涨走势中，股价出现了多次回调整理，但小幅回调在20日均线处停滞，大幅回调则在60日均线处得到支撑。这说明均线的助涨动能非常强劲，投资者完全可以在股价下跌靠近均线的位置时买进。

9月中旬，股价上涨创出41.30元的新高后，迅速拐头下跌，带动5日均线、10 日均线和 20 日均线很快转向下方，并逐一覆盖在 K 线上，由支撑转为了压制，助跌功能开始显现。

待到 60 日均线也完成转向后，均线组合的助跌作用更为明显了，股价多次反弹都在 20 日均线或是 60 日均线附近受到压制，进而拐头下跌。这意味着均线的助跌动能强劲，投资者最好在股价上涨靠近均线时卖出。

1.1.3　MA 指标能反映市场持仓成本

MA 指标的曲线一般是以算术平均计算法为基础进行计算的，即将过去一定交易日的收盘价逐日相加后再平均，即可得到当前曲线的数值。如 5 日均线的当前数值就是将过去四个交易日的收盘价和当前交易日全部加总，再除以 5 得来的。

MA 指标既然被称为移动平均线，自然其中就带有"移动平均"的概念。这是因为每一条均线的公式不会改变，但随着交易日的推移，每一日的均线数值会受到新生数据的影响，进而在移动中形成新的平均值。

而均线对于市场持仓成本的反映也包含在其中。

◆　当资金大量流入市场时，由于买方对卖盘的竞争更为激烈，成交价格会不断提高。同时，场外的资金持有人对于个股的预期也会不断提高，导致成交价格出现持续拉升，进入市场的成本上升。受到不断抬高的新生价格影响，均线自然会出现上升。

◆　当行情发生变动，资金转而流出市场，在投资者对个股的预期降低，急于离场之时，成交价格只会被不断压低。此时接盘的投资者能够以相同的价格获取更多的筹码，进入市场的成本随之下降。均线受到下滑的新生价格影响，也会同步出现下跌。

简单地从成本方面来看就很好理解了。当某一周期的均线上升时，在这一段周期内入场的投资者平均持仓成本也在上涨；但当某一周期的均线下滑时，在这一段周期内入场的投资者平均持仓成本也在下降。

举一个简单的例子，当 5 日均线出现下跌时，说明在最近五个交易日内，入场的投资者平均买价在下降，成本出现了下滑。

如果 5 日均线下滑到仍在上扬的 20 日均线处，意味着最近五个交易日内，入场的投资者出现了大量抛售行为，但最近 20 个交易日内，入场的投资者依旧看好股价发展，买价还在提高。当 5 日均线带来的抛压被 20 日均线消化掉，它将与股价一同回到上涨轨道。这就是均线的助涨助跌功能的内在原理。

当投资者换一个视角看待均线的变动时，就会有许多不同的理解和发现。下面通过案例来了解如何从持仓成本的角度分析均线的变动。

实例分析
朗姿股份（002612）借助均线分析市场持仓成本

图 1-7 所示为朗姿股份 2021 年 1 月到 6 月的 K 线图。

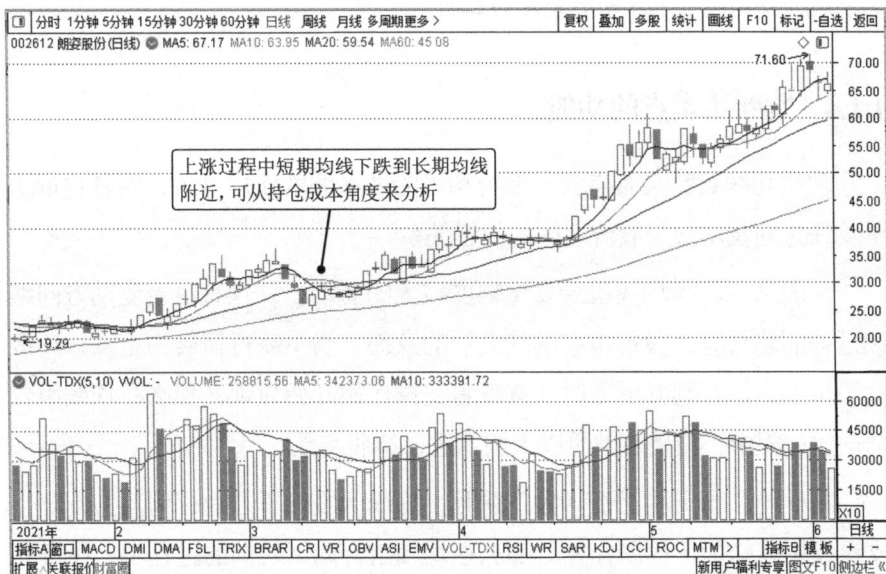

图 1-7　朗姿股份 2021 年 1 月到 6 月的 K 线图

从 K 线图中可以看到，朗姿股份正处于上涨阶段中。在前期的上涨过程中，股价反复回踩到 20 日均线或 60 日均线上，5 日均线和 10 日均线也随之出现了下滑，与两条长周期均线产生了接触。

比较明显的一次就是 3 月初，股价下跌幅度较大，带动两条短周期均线跌破了 20 日均线。直到股价在 60 日均线上受到支撑，两条短周期均线才开始回升到上涨轨道中。

从持仓成本的角度来分析，当股价下跌时，尤其是下跌速度比较快的情况下，场内抛压会比较重。短时间内快速下跌的价格，造成了短期内入场投资者的持仓成本大幅下降，5 日均线与 10 日均线出现快速下滑。

20 日均线也受到了股价下跌的影响，但由于前期股价积极上涨导致的平均入场价格较高，短期内下滑的价格不足以完全撼动其上扬走势。因此，20 日均线仅仅是上扬角度变缓，但整体趋势不变。

同样的，60 日均线也受到了影响，但随着时间周期的拉长，短期内的成本下移造成的影响更小，60 日均线的变动幅度非常细微。两条长周期均线的表现，正是股价上涨动力充足的证明。

1.1.4　判断买卖点的功能

利用均线判断买卖点，主要与均线的助涨助跌作用有关，同时也取决于均线之间及均线与股价之间的位置关系。

一般来说，当均线组合发生幅度较大的变动，并且有沿着变动方向继续延伸的趋势时，股价也有继续发展的意愿。当下跌行情转为上涨，均线从股价上方运行到其下方时，意味着支撑作用开始显现，那么在均线组合转向的过程中，投资者就可以大胆买进，持股待涨。

同样的，当上涨行情转为下跌时，均线从股价下方运行到其上方时，支撑作用就转为了压制作用。那么在均线组合向下转向的过程中，投资者就要积极卖出了。

当然，均线对买卖点的判断方式远不止均线转向这一种，这里只是简单介绍，在后续的内容中会有更多的分析与详解。

下面来看一个具体的案例。

实例分析

奥佳华（002614）利用均线判断买卖点的分析

图 1-8 所示为奥佳华 2021 年 4 月到 8 月的 K 线图。

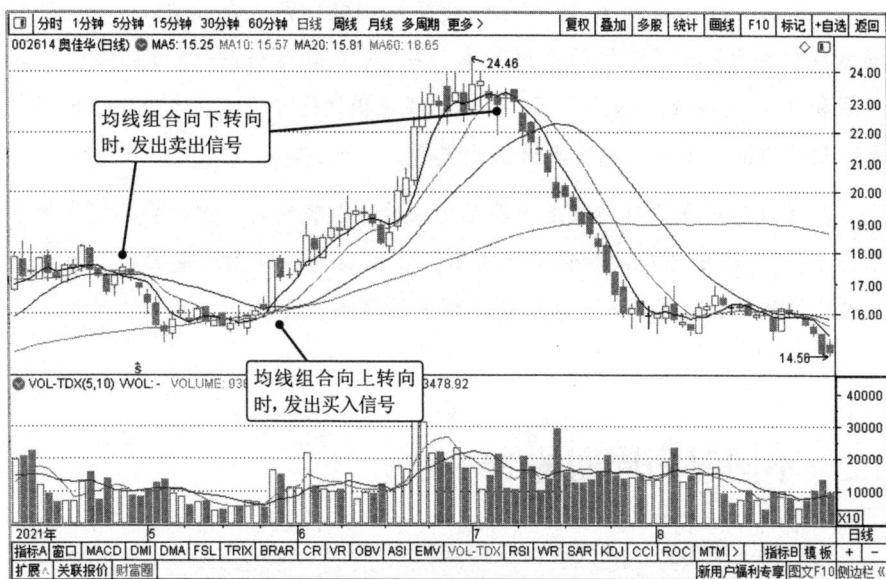

图 1-8　奥佳华 2021 年 4 月到 8 月的 K 线图

从 K 线图中可以看到，奥佳华正处于上涨向下跌转向的过程中。从均线的状态可以发现，在 4 月期间，股价还在进行上涨后的横盘整理，20 日均线和 60 日均线都是上扬的。

4 月底时，股价出现快速收阴下跌，5 日均线和 10 日均线反应最快，直接就跟随下行了。20 日均线在经历长时间的横盘后也已经趋于走平，在股价下跌的带动下很快出现了向下的转向。

3 条均线的下跌，说明股价短期的跌势比较凶猛，短线投资者可进行部分减仓或清仓卖出。

不过 60 日均线的上涨走势非常坚定，在下方支撑着股价与三条均线，最终使得股价再度上扬，带动三条均线回升。此时，后市积极看多的信号出现，短线投资者可再次买进，中长线投资者则可以适当加仓。

在经历一个多月的上涨后，股价来到了 24.00 元价位线附近。在此期间，均线组合积极上扬，承托在股价下方，呈积极的助涨状态，说明场内追涨的气氛非常热烈，各个周期的持仓成本不断上升。

7 月初，股价在创出 24.46 元的新高后小幅回落，围绕 23.00 元价位线横盘数日后便开始了连续的收阴下跌。由于股价跌速极快，5 日均线、10 日均线和 20 日均线相继拐头向下，60 日均线也很快走平，这意味着场内抛压极重，股价跌幅将很深，此时卖出信号明确。

尽管跌势是在长期均线走平甚至转向后才彻底确定，但机警的投资者早已在 20 日均线出现转向趋势时就卖出了。20 日均线转向所发出的下跌信号也是比较强的，越早出局，投资者的损失就越小。

1.2　不同时间周期的 MA 线

均线指标的时间周期不同，适用的投资者对象也不同。主要是因为均线具有一定的滞后性，时间周期越长的均线，滞后性也越强。因此，短周期均线比较适合短线投资者使用，中长周期均线则更适合中长线投资者使用。

不过，这也不是绝对的，中长线投资者在利用中长期均线判断整体走势时，也可以利用短期均线定位更精确的买卖点。短线投资者在利用短期均线进行快进快出操作时，也可以借助中长期均线来判断行情趋势是否适合做短线。

因此，不同时间周期均线的使用方法，是每一类投资者都有必要掌握的，下面就针对不同时间周期的均线用法进行详细讲解。

1.2.1　短期均线的使用方法

能被称为短期均线的，一般都是时间周期不超过 15 日的均线，毕竟短线投资者的持股时间一般都在几周之内。短期均线组合的变动速度相较于中长期均线更快，它能更早地为短线投资者提供买卖信号，便于短线投资者在短时间内扩大收益。

在实战操作中，不太建议投资者使用单条均线，尤其是单条短期均线。因为短期均线自身已经足够灵敏，股价的小幅波动都能使得短期均线产生波动并频繁发出买卖信号，这样容易误导投资者做出错误决策。

因此，在使用短期均线时，投资者也可以进行组合，如 3 日均线、5 日均线、10 日均线与 15 日均线的组合就可以满足大部分短线投资者的需求。

其中，对买卖点的寻找与前面介绍的比较相似，主要观察均线组合是否发生转向，均线的支撑作用与压制作用之间的转换，较短周期均线与较长周期均线的交叉关系，以及股价与均线组合的交叉关系等。

下面通过一个具体的案例来进行分析。

实例分析

露笑科技（002617）短期均线组合的使用分析

图 1-9 所示为露笑科技 2022 年 2 月到 7 月的 K 线图。

从 K 线图中可以看到，在这段行情走势中，使用的是 3 日均线、5 日均线、10 日均线与 15 日均线的短期均线组合。

在 2 月下旬之前，股价还在相对高位横盘，直到接近 2 月底时，股价快速收阳上涨，带动均线组合向上转向。但由于此次上涨的时间太短，均线组合很快在股价回落的牵引下拐头下跌，发出短线卖出信号。

3 月下旬，股价突然加快下跌，均线组合的下行角度加大不少，整体覆盖在 K 线上呈压制状态。这意味着后市的跌幅可能会比较深，还留在场内的短线投资者应尽快出局。

可以看到，股价此次的跌幅确实非常深，直到 4 月底才在创出 7.13 元的新低后止跌回升。在回升的过程中，股价前期的涨速还是比较缓慢的，但灵敏的 3 日均线和 5 日均线已经跟随股价发生了转向，10 日均线和 15 日均线则紧随其后，在股价上涨速度加快的同时也完成了向上的转向。

此时，股价的上涨幅度还不大，短线投资者也要等到均线组合全部转向后再入场，因为此时买进会比较安全。在后续操作时，只要紧盯均线组合的变化，选择合适的位置及时卖出，就可以赚取一波短线收益。

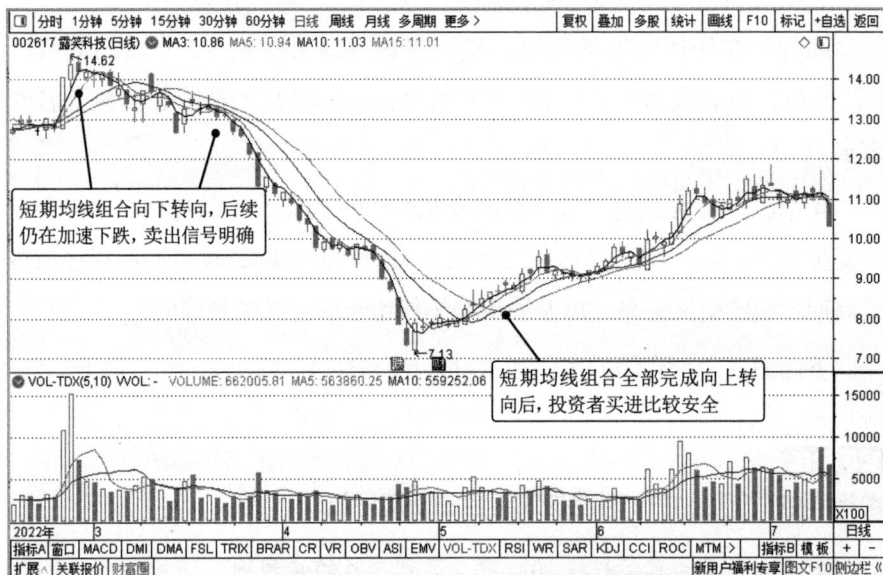

图 1-9　露笑科技 2022 年 2 月到 7 月的 K 线图

1.2.2　中期均线的操作方法

中期均线一般指的是 20 日到 60 日周期的均线，但界定范围并没有明确划分，时间周期比之稍长或稍短都是可以的。

随着时间周期的加长，均线的作用就会更侧重于反映趋势的变动。一般来说，中期均线有着非常强的趋势性，无论是在上升趋势还是下跌趋势中，一旦单边行情出现，中期均线对股价形成助涨助跌作用，通常趋势在短时间内不会有太大改变。

因此，当阶段或是行情下跌见底，股价自下向上突破中期均线后回踩，并受到了支撑，那么后市可能会有一轮上升；而当阶段或是行情上涨见顶，股价自上向下跌破中期均线后反弹受到压制，那么后市则可能会有一轮下跌。

下面通过一个具体的案例来进行分析。

实例分析

双环传动（002472）中期均线组合的使用

图 1-10 所示为双环传动 2022 年 2 月到 7 月的 K 线图。

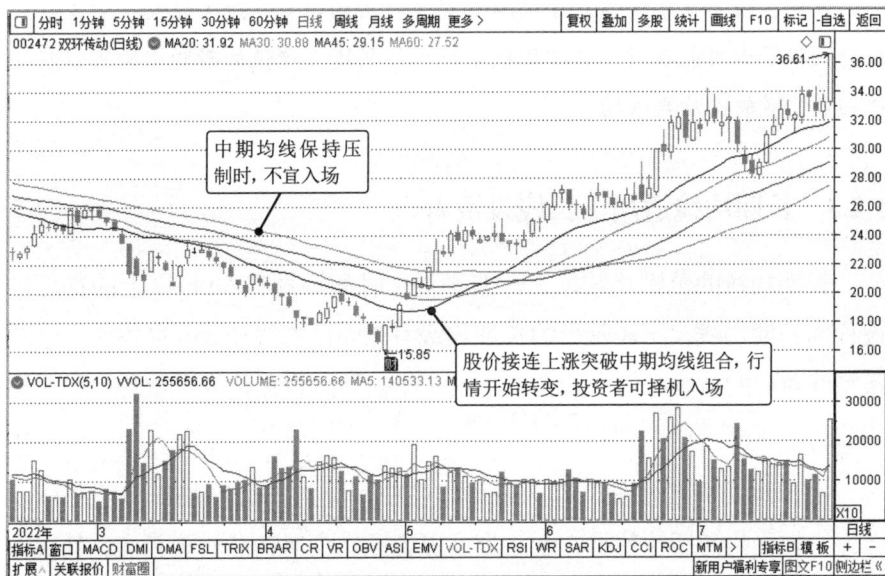

图 1-10　双环传动 2022 年 2 月到 7 月的 K 线图

从 K 线图中可以看到，在双环传动这段行情走势中，使用的是 20 日均线、30 日均线、45 日均线与 60 日均线的中期均线组合。

2 月到 4 月，股价都处于震荡下跌的状态，中期均线组合牢牢地覆盖在 K 线上方，呈压制作用。这段时间内，股价多次出现向上的反弹，但基本都在靠近 30 日均线或是 45 日均线附近时就受压下跌了。

这样的走势说明均线组合的助跌功能正在发挥作用，场内下跌动能充足，在股价未出现明显突破迹象时，场外投资者不宜参与。

4 月底，股价跌至 16.00 元价位线附近，并创出 15.85 元的新低后，终于开始了向上的攻势。尽管在股价收阳上涨的过程中夹杂着几根小阴线，但这并不影响趋势的剧烈变化，仅仅数个交易日后，股价就接连突破 4 条均线，于 5 月初成功站到其上方。

在股价快速上升的同时，4 条中期均线也出现了明显的转向。在互相上穿后，均线组合于 6 月初全部进入了上扬走势，呈规律的排列承托在 K 线下方，形成助涨。

此时，股价也已经实现了回踩后对支撑力的确认，进入了又一波上涨。激进的投资者可能在股价突破均线后就已经买进，谨慎的投资者则可以在均线组合完成转向后再入场。

1.2.3　长期均线适用于长线投资者

长期均线的范围比较广，一般来说，时间周期在 60 日以上的都可以被称为长期均线，比较常见的长期均线有 120 日均线和 240 日均线。这两条均线对应的持股时间大致在半年或一年，因此也被称为半年均线和一年均线。

由于时间周期较长，这两条均线在使用上与前面的均线有所不同。首先，较强的滞后性使得它无法为投资者提供快速精准的买卖点；其次，120 日均线和 240 日均线一旦形成单边趋势，其对股价的压制或支撑力都是非常强的，股价很难有效突破或跌破其范围。

因此，这两条均线更适合用于判断行情趋势，而不是用于观察买卖点。

对于短中期投资者来说，可以结合短中期均线来使用；而对于持股周期本就较长的投资者来说，则可以用于寻找合适的买卖区域，以及判断后市走向是否符合预期。

比如在股价自下而上有效突破 120 日均线和 240 日均线，长线投资者就可以考虑是否在合适的位置建仓。在股价自上而下有效跌破 120 日均线和 240 日均线，长线投资者就需要决定何时卖出了。

下面通过一个具体的案例来进行分析。

实例分析

国科微（300672）长期均线组合的使用

图 1-11 所示为国科微 2021 年 2 月到 2022 年 4 月的 K 线图。

图 1-11　国科微 2021 年 2 月到 2022 年 4 月的 K 线图

从 K 线图中可以看到，在国科微这段行情走势中，使用的是 120 日均线和 240 日均线的长期均线组合。

在 2021 年 2 月到 3 月，股价都运行在 120 日均线和 240 日均线下方，并多次上攻无果，呈现被压制的状态。

但整体来看，股价处于低点缓慢上移的过程中，突破长期均线的压制可能并不需要太长时间。再加上价格位置比较低，激进的投资者可以在这一片低估值区域中轻仓买进。

4月中旬，股价再次上冲，此次攻势迅猛，股价接连上涨并成功突破了两条长期均线，甚至没有出现明显的回踩确认就一路上涨，迅速来到了100.00元价位线附近。

动作快的投资者可能在股价突破长期均线后就积极追涨入场了，买入价格在60.00元左右。仅仅这一波拉升，就为快速入场的投资者带来了近40%的收益，可见其上涨动能的强劲。

有积极的投资者，自然也有稳健的投资者。股价在上冲至100.00元价位线附近后就出现了回调走势，价格又逐渐下滑到80.00元以下。不过，此时两条长期均线已经在第一波拉升的带动下开始转向了，股价回调的低价区域成了稳健投资者绝佳的买入区域。

在后续的走势中，股价多次进行拉升和回调整理，120日均线起到了强力的支撑作用。股价回调的低点，也成了场内投资者加仓和场外投资者入场的位置。

11月，股价已经冲上了240.00元的高峰，在创出244.44元的新高后，次日便出现了急速的下跌。随后股价在180.00元价位线附近止跌，并开始震荡，震荡低点逐步下移，且接近长期均线。

2022年1月初，股价跌破了120日均线，在其下方横向震荡一段时间后再次加速下滑，短短数日后就跌破了240日均线，跌幅极深，已经下探到了前期股价第一波拉升的高位附近。

长线投资者最好在股价产生下跌趋势，并逐渐靠近120日均线时就部分减仓观望，就算后市继续上涨，也不至于全部踏空。一旦股价跌破120日均线，就要迅速将剩下的筹码抛出，及时止损。

1.2.4　超长期均线用于评价估值

超长期均线也属于长期均线的一种，只是其时间周期将会被拉得极长，基本是以年为单位。

超长期均线一般选用 5 年均线与 10 年均线，由于其周期过长，基本不用来做买卖操作，而是常用于判断市场对个股或行业的估值情况，是价值投资常用的估值线，其判断方法如下。

- 当个股远离 5 年均线下方，甚至跌破 10 年均线，表示市场对该股过度低估。股价在未来很长一段时间内都可能处于低迷状态，或是横盘或是继续下跌，建议长线投资者继续观望。

- 当个股处于 5 年均线下方附近，表示市场对该股有所低估。如果股价在后续表现出了上涨的趋势，长线投资者就可以选择时间周期稍短的均线帮助判断买点，轻仓入场。

- 当个股自下而上突破了 5 年均线，表示市场对该股的估值和期望开始提升。如果股价表现稳定，那么长线投资者就可以趁机在合适的低位建仓，降低成本。

在 K 线图中使用时，投资者可将默认的日 K 线图转换为月 K 线图，这样行情趋势就更加清晰。

下面通过一个具体的案例来进行分析。

实例分析

万科 A（000002）超长期均线组合的使用

图 1-12 所示为万科 A 在 2008 年 7 月到 2021 年 1 月的月 K 线图。

从月 K 线图中可以看到，在万科 A 这段行情走势中，使用的是 60 月均线和 120 月均线的超长期均线组合。这两条均线是从 5 年均线和 10 年均线换算而来的，便于在月 K 线图中使用。

从均线与 K 线之间的位置关系来看，2008 年 7 月到 2014 年 11 月，股价长时间处于两条超长期均线的下方，并受到其强力的压制，其间多次上攻也未能有效突破。

这说明在数年时间内，市场对该股过度低估了，这片区域属于低价区域。如果后续股价有上涨并突破的趋势，那么低点就是很好的建仓位置。

从2014年3月开始，股价出现了缓慢的上涨，数月后突破了60月均线，也就是5年均线，并回踩确认了支撑，说明市场估值开始上升。

2014年年底，股价成功向上突破了120月均线，也就是10年均线，回踩确认后，开始缓慢的上涨。到此时，股价的涨势已经比较明确了，市场期望提高，后市可能进入上涨行情，长线投资者此时就可以使用周期稍短的均线，进入日K线图中寻找建仓位置。

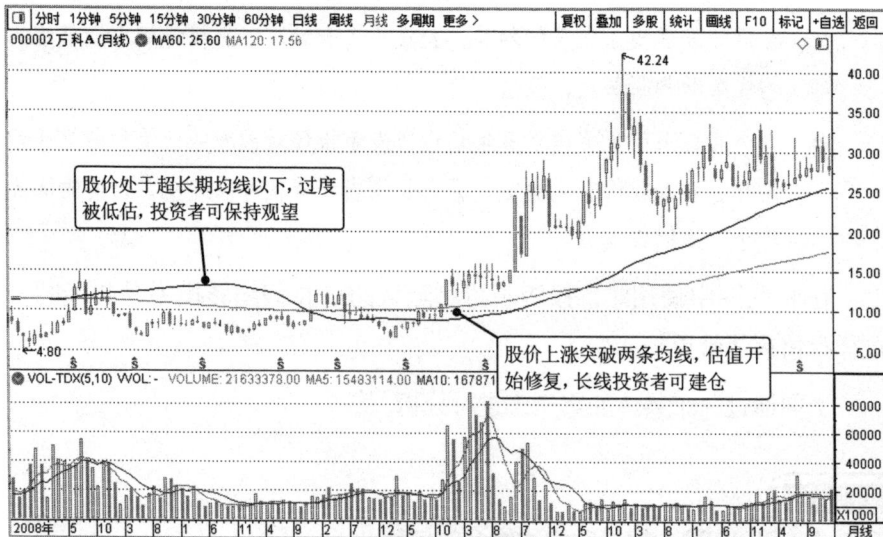

图1-12 万科A在2008年7月到2021年1月的月K线图

1.3 MA指标的发散、扭转与修复

均线的发散、扭转与修复都属于均线的特性，当其表现出这些特性时，

会传递出不同的信号，这些信号有助于投资者判断买卖时机。其中，除均线的发散需要在三条以上的均线组合中才能观察到，而均线的扭转和修复则在一条均线上就能体现出来。

但在实战中，还是要建议投资者使用三条及以上的均线进行组合观察，因为组合观察后得出的信号会更加可靠。本节就将采用 5 日均线、10 日均线、30 日均线和 60 日均线的组合进行分析讲解。

1.3.1　均线黏合后的发散

均线的黏合与发散基本都是先后出现的，黏合指的是当股价走平，或者在一个较为狭窄的价格区间内横盘震荡，就会使短周期均线和中长周期均线聚合到一起，均线与均线的间距很小，常常会出现重合。

发散则指的是股价在盘整结束后，均线由聚拢转为分离，并呈同步向某一方向辐射开的现象，如图 1-13 所示。

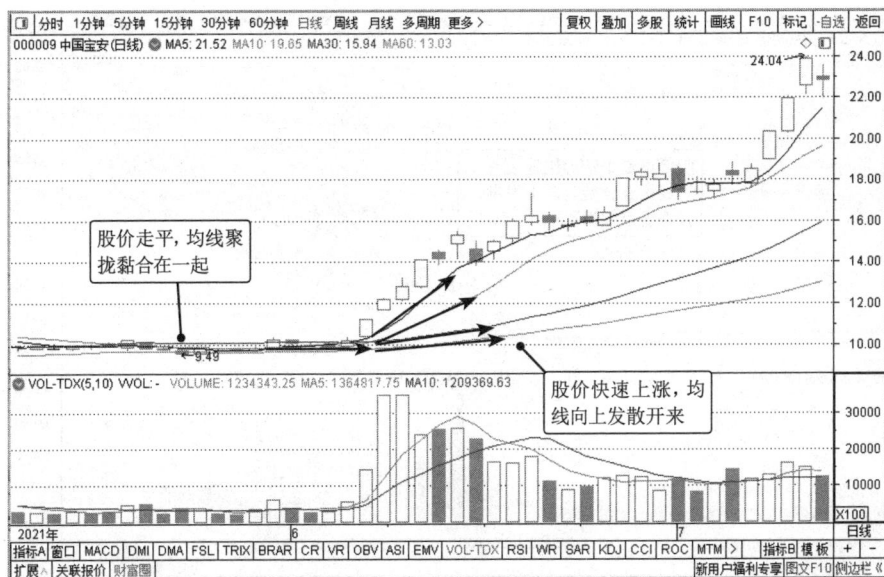

图 1-13　均线黏合后的发散

均线在黏合后的发散主要分为向上的多头发散和向下的空头发散，当其出现在不同位置时，将发出不同的信号。

（1）均线黏合后向上发散

均线黏合后向上发散的形态常出现在上涨行情之中，是股价整理完成后的再次上攻，后市看好，投资者可择机买进。

不过，黏合后向上发散也可能出现在下跌行情中，代表股价整理后的积极反弹，并且反弹幅度可能比较大。这样的走势也是可以参与的，只是投资者需要更加谨慎，注意止盈止损。

下面通过一个具体的案例来进行分析。

实例分析

钧达股份（002865）均线黏合后向上发散形态分析

图 1-14 所示为钧达股份 2021 年 5 月到 8 月的 K 线图。

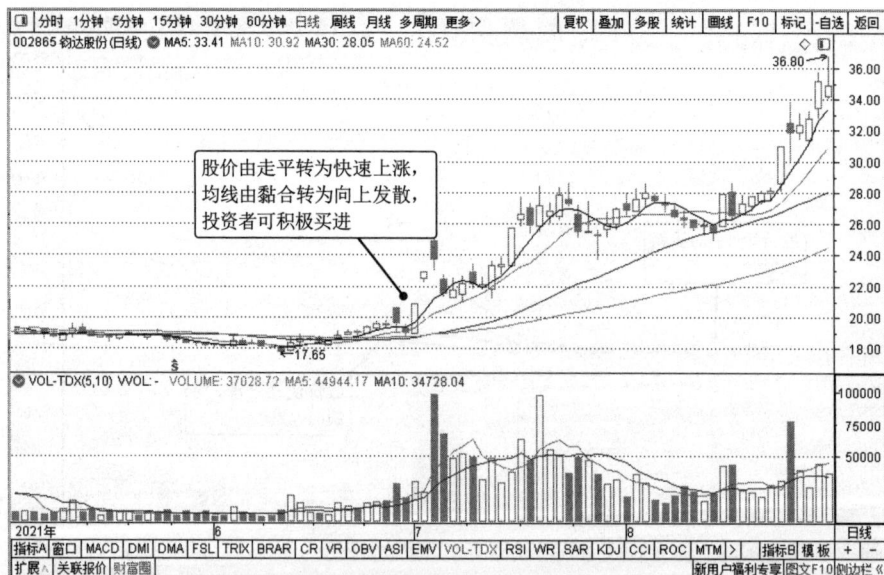

图 1-14　钧达股份 2021 年 5 月到 8 月的 K 线图

从 K 线图中可以看到，钧达股份正处于上涨行情之中。在 5 月期间，股价还在相对低位进行横向整理，大部分时间都在 18.00 元到 20.00 元进行窄幅波动。长时间的横盘导致均线组合黏合在一起，跟随股价形成了横行走势。

6 月上旬，股价在震荡中小幅跌破盘整区间，创出 17.65 元的新低后开始缓慢上涨。6 月中旬之后，股价逐渐从均线组合中脱离，涨速越来越快，很快便站到了均线上方，并带动 5 日均线和 10 日均线跟随上行，与 30 日均线和 60 日均线拉开了距离。

此时，均线组合的发散已经初见端倪。虽然 30 日均线和 60 日均线还未散开，但股价及 5 日均线、10 日均线的上扬走势已经体现出了后市看涨的信号，激进的投资者此时便可入场。

进入 7 月后，股价凭借涨停快速上冲，30 日均线紧跟着上穿 60 日均线，60 日均线也开始向上转向。伴随着股价后续的上涨，均线组合向上的发散更为明显，谨慎的投资者此时也可以积极买进了。

（2）均线黏合后向下发散

均线黏合后向下发散的形态常出现在下跌行情之中，是股价整理完成后的弱势下跌，后市大概率会继续下跌，投资者最好及时止损。

当然，这样的形态也可能出现在上涨行情中，代表股价整理后的大幅回调，下跌空间会比较大。对于短线投资者来说，这样的形态意味着尽快卖出；对于中长线投资者来说则可以继续观望，只要股价没有彻底进入下跌行情，就不必急于卖出。

下面通过一个具体的案例来进行分析。

实例分析
航天发展（000547）均线黏合后向下发散形态分析

图 1-15 所示为航天发展 2021 年 11 月到 2022 年 4 月的 K 线图。

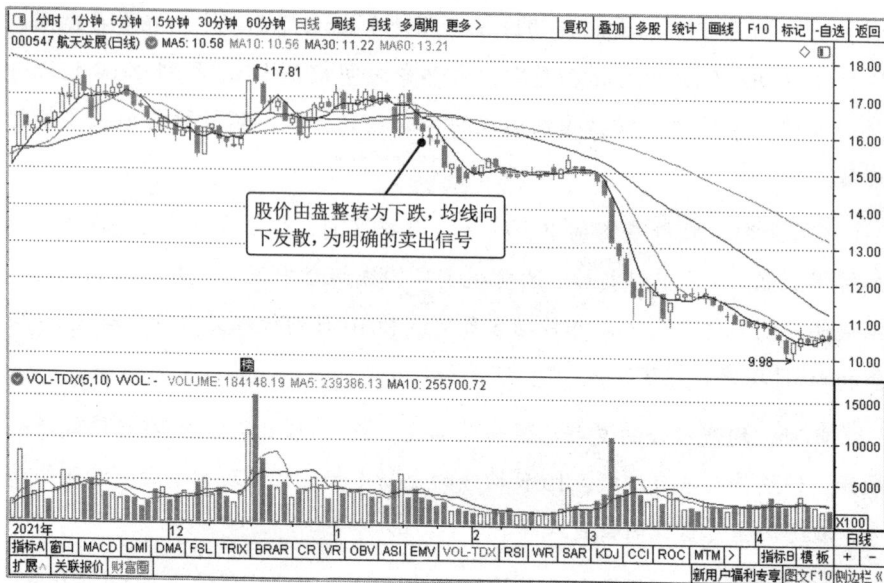

图 1-15　航天发展 2021 年 11 月到 2022 年 4 月的 K 线图

从 K 线图中可以看到，航天发展正处于下跌行情中。从均线的状态可以发现，在 2021 年 11 月之前，股价还在快速下跌，导致 60 日均线的下行角度较大。在进入 11 月后，股价开始横向震荡，均线很快跟随走平，并聚拢在一起。

12 月中旬之后，股价的震荡幅度更小了，几乎大部分时间都被限制在 16.00 元到 17.00 元进行窄幅波动。这也使得均线组合更紧密地黏合在一起横向运行。

2022 年 1 月中旬，股价突然快速收阴下跌，迅速跌破了均线组合，带动 5 日均线和 10 日均线脱离盘整区间，形成了初步的发散状态。此时，谨慎的投资者就应及时撤离。

在后续的走势中，股价很快跌至 15.00 元价位线附近并形成横盘走势，5 日均线和 10 日均线再次走平。不过 30 日均线和 60 日均线已经在前期快速下跌的影响下发散开来，均线组合的发散依旧存在，还停留在场内的投资者需要借助这一个盘整的缓冲，尽快卖出。

1.3.2　均线交叉后的发散

均线交叉后的发散与均线黏合后的发散比较类似，都是先后出现的关系。只是均线交叉的过程并不像黏合一般聚拢纠缠在一起，而是更倾向于快速的转向，均线之间能够看见清晰的交叉形态，如图 1-16 所示。

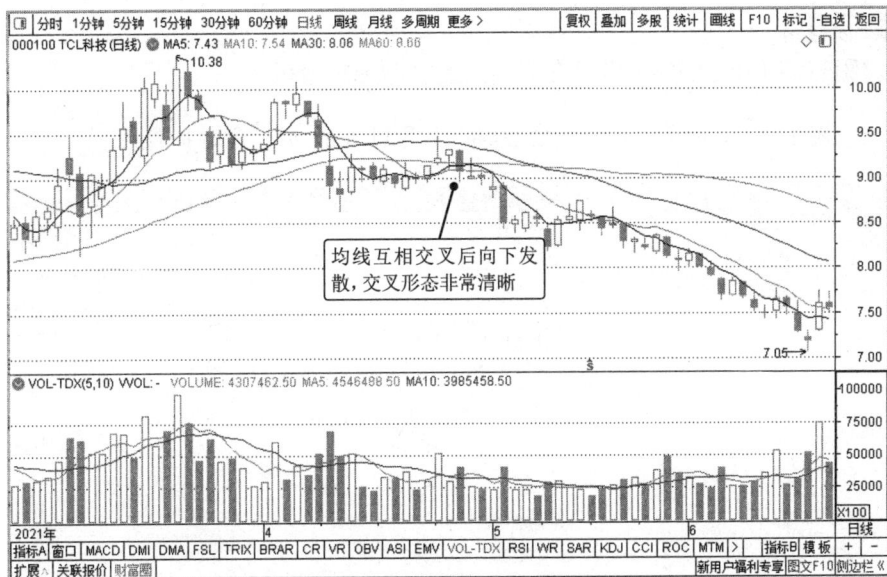

图 1-16　均线交叉后的发散

均线交叉后发散股价的转向速度比均线黏合后发散股价的转向速度要快许多，也有可能是股价的震荡幅度较大，导致均线组合难以形成紧密的黏合状态，这也要求投资者有更高效的决断能力和果断的执行力。

与均线黏合后的发散一样，均线交叉后的发散也分为向上发散和向下发散，下面来逐一分析。

（1）均线交叉后向上发散

均线交叉后向上发散的形态常出现在上涨行情之中，股价在回调下跌的后期重新回到上涨轨道中。形态释放的是看多信号，投资者可选择合适的低点买进。

当交叉后向上发散出现在下跌行情中时，代表股价在经历一段下跌后迎来了反弹，并且反弹幅度可能比较大。此时，经验丰富的短线投资者也可以积极参与，并及时止盈卖出。

下面通过一个具体的案例来进行分析。

实例分析

鲁阳节能（002088）均线交叉后向上发散形态分析

图 1-17 所示为鲁阳节能 2020 年 11 月到 2021 年 3 月的 K 线图。

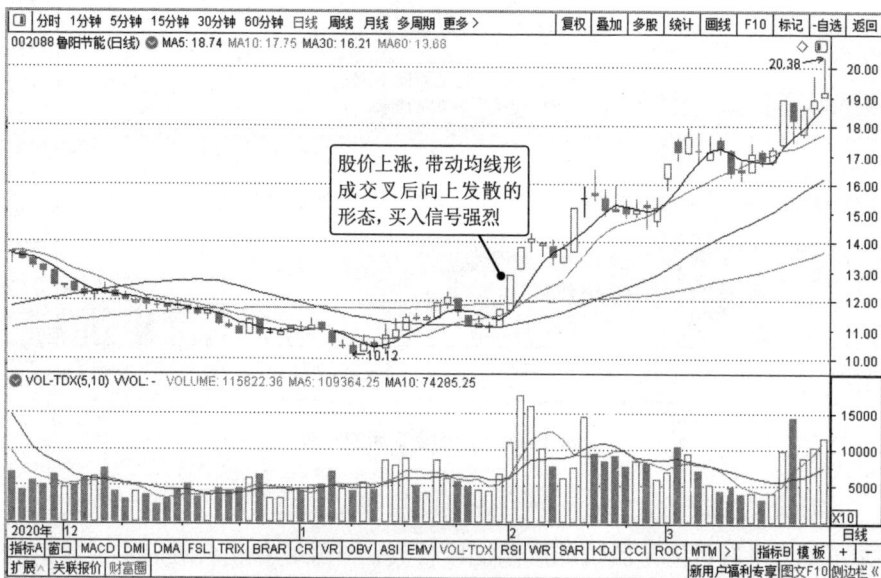

图 1-17　鲁阳节能 2020 年 11 月到 2021 年 3 月的 K 线图

从 K 线图中可以看到，鲁阳节能正处于上涨过程中。从 2020 年 11 月底到 12 月，股价正在经历一波拉升结束后的回调。股价的跌势比较稳定，5 日均线和 10 日均线跟随下滑，30 日均线也在后期向下转向，只有 60 日均线还维持着上扬，只是上扬角度变缓。

进入 2021 年 1 月后不久，股价就下滑到了 10.00 元价位线附近，在创出 10.12 元的新低后，股价开始了回升走势。

股价的第一波上涨很快突破了 30 日均线，但未能有效突破 60 日均线，而是在后续出现了对 30 日均线的回踩，并于 1 月底继续上涨。

在此期间，5 日均线和 10 日均线分别被带动突破了 30 日均线，经历一系列交叉后，最终跟随再次上涨的股价冲破了 60 日均线，形成了向上的初步发散，发出买入信号。

在股价和两条短期均线突破 60 日均线后不久，30 日均线也完成了向上的转向，尽管还没有突破 60 日均线，但交叉后发散的均线组合形态已经比较明显了，此时投资者可积极买进。

（2）均线交叉后向下发散

均线交叉后向下发散的形态常出现在下跌行情之中，股价在反弹上涨的后期重新回到下跌轨道中。形态释放的是看跌信号，投资者需要尽早在相对高位撤离。

当交叉后向下发散出现在上涨行情中时，代表股价在经历一段拉升后即将进入大幅回调。此时，短线投资者可以抛盘离场，中长线投资者则可以保持观望。

下面通过一个具体的案例来进行分析。

实例分析
韦尔股份（603501）均线交叉后向下发散形态分析

图 1-18 所示为韦尔股份 2021 年 10 月到 2022 年 4 月的 K 线图。

从 K 线图中可以看到，韦尔股份正处于下跌行情之中。从 60 日均线的状态可以发现，在 2021 年 10 月之前，股价还在下跌，进入 10 月后股价才开始大幅反弹，并带动均线组合纷纷上扬，形成了一个交叉后向上发散的形态。

2021 年 12 月下旬时，股价创出了 321.90 元的新高，随后快速拐头下跌，在跌至 260.00 元价位线附近后又形成了一次快速的反弹。

在此期间，5日均线和10日均线跟随震荡，与30日均线和60日均线形成了频繁而复杂的互相穿插，均线由发散转为交叉。

2022年1月底，股价反弹到30日均线附近后受压，再次加速下跌，均线组合迅速拐头向下，形成了交叉后向下发散的形态。此时，股价的位置还不算太低，还停留在场内的投资者需要尽快止损卖出。

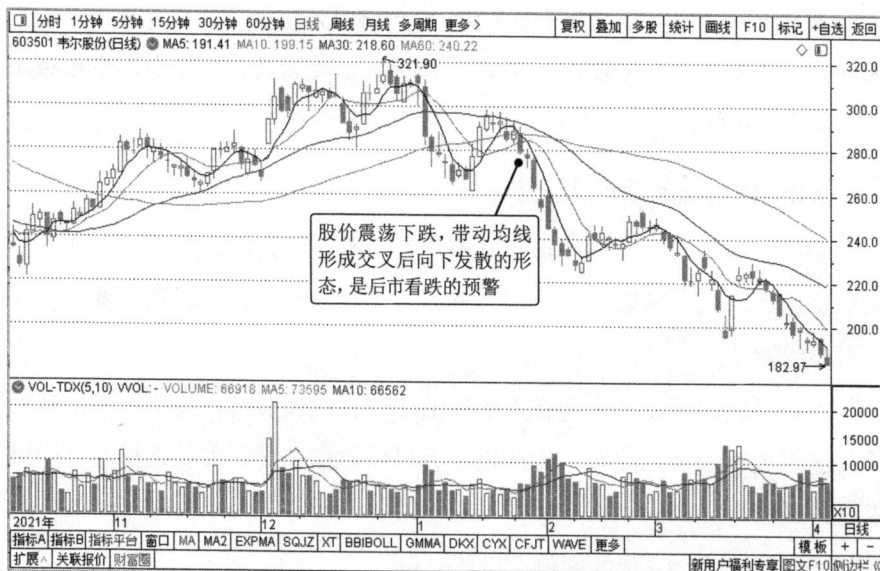

图1-18　韦尔股份2021年10月到2022年4月的K线图

1.3.3　高位的均线扭转

均线的扭转一般出现在行情剧烈反转的时候，是一种由K线扭转短周期均线、短周期均线扭转长周期均线，使得均线组合的运行方向发生转折的现象。

时间周期短的均线容易被扭转，比如5日均线和10日均线。而时间周期长的均线，扭转难度越大，比如60日均线。

不过，一旦均线组合中较长周期的均线也被扭转了，就说明股价转势的意愿非常坚定，在未来一段时间内将朝着新的发展方向运行。高位的均线扭转指的就是均线组合受股价下跌的影响，逐一向下扭转的过程。

不同持股周期的投资者，操作策略稍有不同。

◆ 短线投资者受短期跌幅影响较大，因此可以在 30 日均线出现向下扭转的迹象时就卖出。

◆ 中长线投资者如果不急着卖出，也可以等到 60 日均线也完成扭转，跌势确认后再卖出。不过这样的损失就会比较大，投资者需要在实际情况中自行决断。

下面通过一个具体的案例来进行分析。

实例分析
中联重科（000157）在高位的均线扭转分析

图 1-19 所示为中联重科 2021 年 1 月到 6 月的 K 线图。

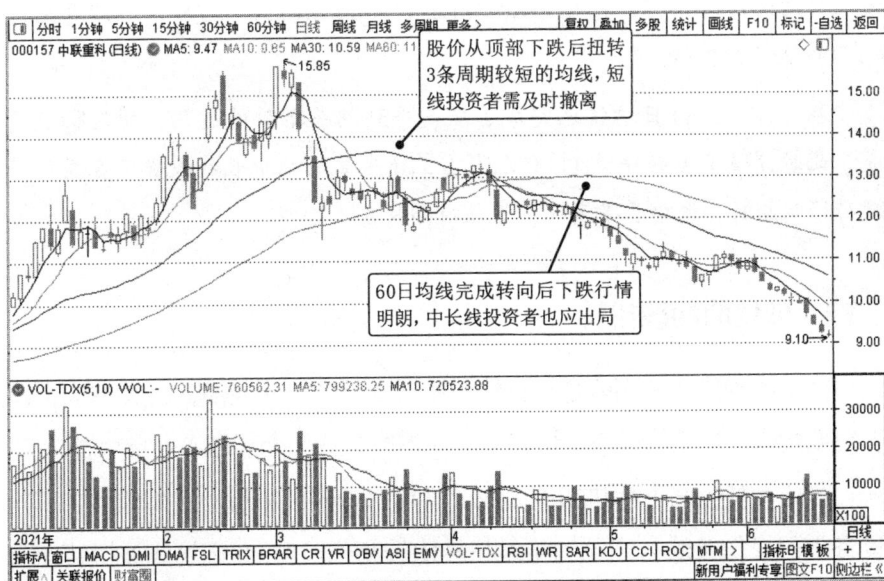

图 1-19　中联重科 2021 年 1 月到 6 月的 K 线图

从 K 线图中可以看到，中联重科正处于上涨行情的顶部。在 1 月上旬，股价还在积极收阳上涨，1 月中旬，股价上冲到 13.00 元价位线附近后受压回落，下跌至 12.00 元价位线下方，进行横盘整理。

1 月底，股价再次上冲，经历一系列震荡后来到了 15.00 元价位线上方。在此期间，均线组合较为分散，5 日均线和 10 日均线紧挨着股价波动，30 日均线和 60 日均线则在下方承托股价向上运行，整体涨势稳定且积极。

3 月初，股价创出 15.85 元的新高后冲高回落，开始了快速的下跌。K 线的大幅收阴导致 5 日均线和 10 日均线立刻被扭转向下，并相继跌破了 30 日均线，开始对 30 日均线进行扭转。

3 月中旬前后，股价在 12.00 元价位线附近横向运行，但前期较快的跌速及短期均线的扭转力度，已经带动 30 日均线出现了转向。此时，股价还处于横盘状态，发现危险的短线投资者此时就可以趁机择高出局。

来到 3 月底，5 日均线、10 日均线和 30 日均线均线都已经完成了转向，但 60 日均线还在扭转中。进入 4 月后，股价呈阶梯状逐步下滑，三条周期较短的均线纷纷下行，并在 4 月初相继下穿 60 日均线，与股价一起开始对 60 日均线进行扭转。

在 4 月底，60 日均线也完成了从走平到拐头下跌的过程，扭转彻底完成。此时，股价已经跌至 11.00 元左右，还未离场的中长线投资者在发现下跌行情明朗时，也要尽早离场，保住前期收益。

1.3.4 低位的均线扭转

低位的均线扭转指的是在行情的底部或是阶段的底部，由 K 线向上扭转短期均线、短期均线向上扭转中长期均线，直至全部进入上扬状态。

均线在低位向上的扭转，发出的是后市看涨、积极买进的信号。不同投资者的操作策略与高位的均线扭转比较相似。当 30 日均线被扭转向上后，短线投资者和激进的中长线投资者可大胆建仓；当 60 日均线也完成了向上的扭转，谨慎的中长线投资者也可以入场了。

下面通过一个具体的案例来进行分析。

实例分析

中矿资源（002738）在低位的均线扭转分析

图 1-20 所示为中矿资源 2020 年 12 月到 2021 年 6 月的 K 线图。

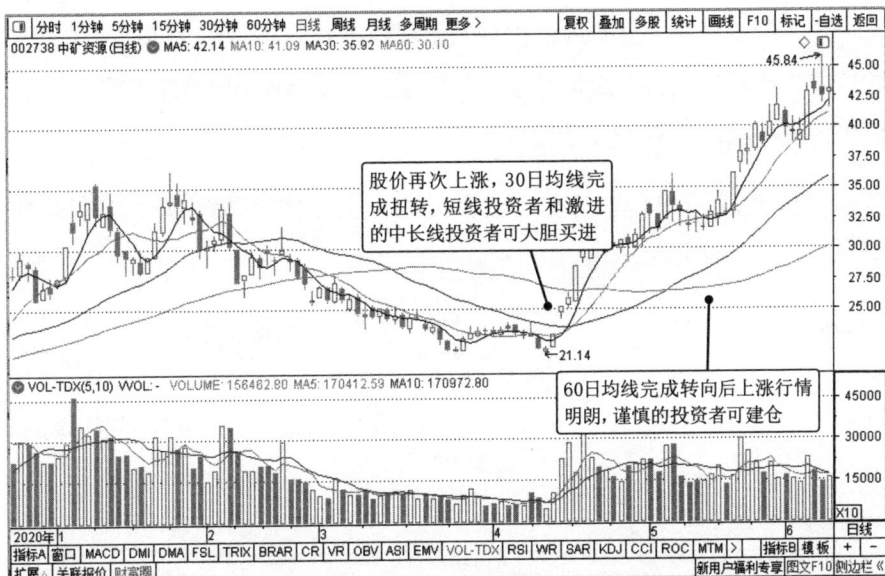

图 1-20　中矿资源 2020 年 12 月到 2021 年 6 月的 K 线图

从 K 线图中可以看到，中矿资源正处于上涨行情之中。从均线的状态可以发现，在 2020 年 12 月到 2021 年 1 月，股价还在上涨，只是到了后期涨势不太稳定。1 月下旬，股价在小幅越过 35.00 元价位线后，便阶段见顶回调下跌。

此次下跌使得均线组合在 3 月底全部完成了向下的转向。4 月初，股价创出 21.14 元的阶段底部后开始快速回升，回到上涨轨道之中。5 日均线和 10 日均线立刻被扭转向上，30 日均线紧随其后，也跟随股价拐头向上。

在 30 日均线完成转向后，短线投资者和激进的中长线投资者可以择机大胆建仓，谨慎的投资者则可以继续等待，或是轻仓入场试探。

5 月中上旬，股价继续上涨，60 日均线则逐步完成了从走平到拐头向上的变化。此时，上涨行情已经非常明朗，谨慎的投资者也可以放心买进或加仓了。

1.3.5 均线的主动修复

均线的修复指的是当股价出现急涨或急跌时，与均线之间产生了较大的偏离，此时均线会对股价产生一种吸引力，使其向均线的方向靠拢，直至聚合或接触，如图 1-21 所示。

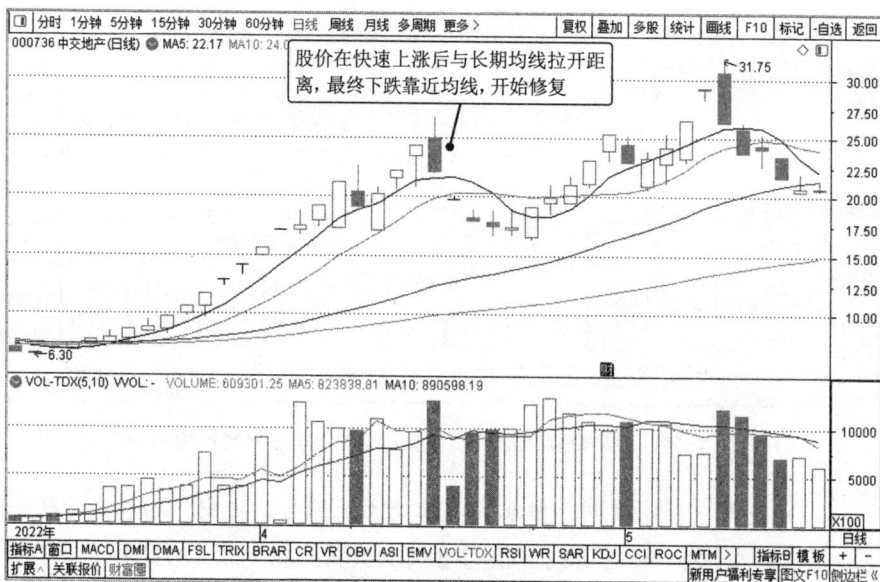

图 1-21 均线的修复功能

均线在修复过程中，对股价产生的吸引力主要来自平均成本与现有价格的差异。

当股价上涨超过平均成本太多时，上升的入场门槛会相应拉高成本。在股价过度上涨的同时，盘中抛压会越来越强，导致股价拐头下跌，使得二者逐渐靠拢。

当股价下跌远离平均成本太多时，下降的入场门槛会使得成本降低。当前价格的拉低使得接盘的投资者不断增加，也会拉高现价，同样会带动二者出现聚合。

均线的修复也分为主动修复和被动修复。其中，均线的主动修复指的是当股价运行偏离均线太远时，会出现较为剧烈的变动，主动且快速地向均线回归，图 1-21 展示的就是均线在上涨过程中的主动修复。

- ◆ 当均线的主动修复出现在上涨行情中时，意味着股价短期内过度上涨，即将进入快速的回调，回调幅度难以预计，投资者可根据自身策略决定是否离场。

- ◆ 当均线的主动修复出现在下跌行情中时，意味着股价短期内过度下跌，即将进入反弹阶段，反弹的高度也无法预测，投资者可谨慎参与，注意止盈止损。

下面通过一个具体的案例来进行分析。

实例分析

振江股份（603507）均线主动修复分析

图 1-22 所示为振江股份 2021 年 8 月到 11 月的 K 线图。

从 K 线图中可以看到，振江股份正处于上涨行情之中。8 月期间，股价的涨势比较稳定，但是速度不快，30 日均线和 60 日均线与股价保持着一定距离，同步上涨。

进入 9 月后，成交量大幅放量，股价快速上冲，第一波快速拉升就来到了 40.00 元价位线附近，随后快速拐头下跌，形成了一次短暂的主动修复。短线投资者在顶部离场后，可继续在低位买进，参与后期的上涨。

在后续的走势中，股价再次上冲，很快来到了 45.00 元价位线附近，急速上冲的股价与 30 日均线和 60 日均线迅速拉开了更大的距离。二者之间的快速偏离导致牵引力加大，盘中抛压逐渐强盛，导致股价在 9 月下旬出现了下跌，主动向均线靠拢，进行修复。

此次的下跌幅度更大，并且持续时间也拉长了不少，这一点从股价跌破 30 日均线也可以看出。短线投资者还是需要在股价出现主动修复迹象时卖出，中长线投资者则可以保持观望。

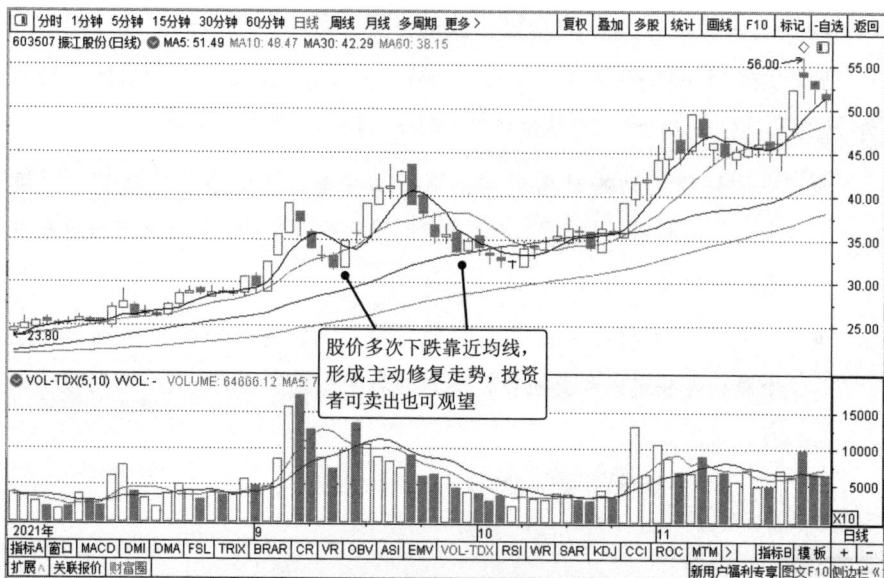

图 1-22　振江股份 2021 年 8 月到 11 月的 K 线图

1.3.6　均线的被动修复

均线的被动修复指的是当股价偏离均线以后，并没有主动向均线靠近，而是在某一价位线附近出现横向盘整，被动地等待均线靠近。

当均线的被动修复出现时，股价的变动远没有主动修复那么剧烈和快速，这就给投资者留下了充足的决策时间。

上涨行情中均线被动修复的操作策略与主动修复比较类似，只是在下跌行情中出现均线被动修复时，投资者最好不要参与，仅将其当作被套的止损点就可以了。

下面通过一个具体的案例来进行分析。

实例分析

中核钛白（002145）均线被动修复分析

图 1-23 所示为中核钛白 2020 年 12 月到 2021 年 8 月的 K 线图。

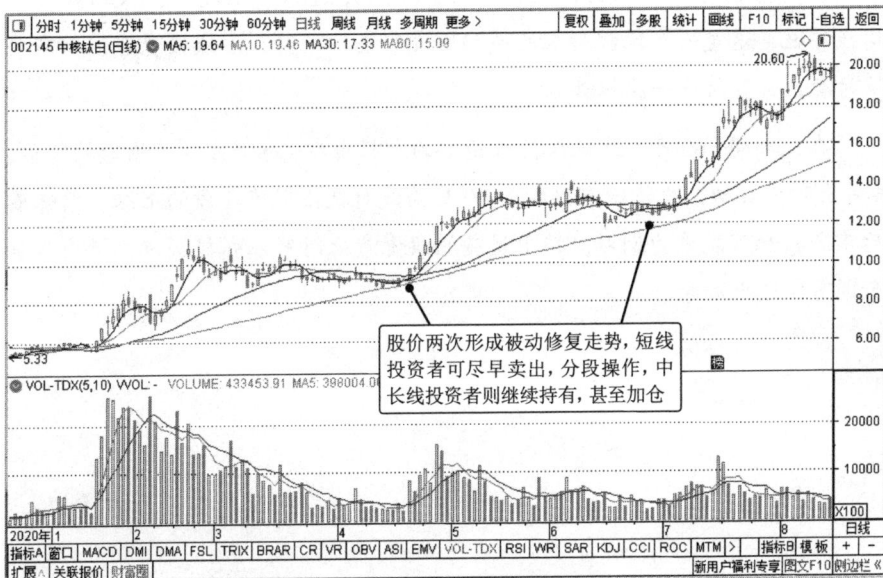

图 1-23　中核钛白 2020 年 12 月到 2021 年 8 月的 K 线图

从 K 线图中可以看到，中核钛白正处于上涨行情之中。2020 年 12 月到 2021 年 1 月中旬，股价还在相对低位盘整，直到 1 月底才开始快速上涨。

股价的这一波上涨很快来到了 10.00 元价位线上方，急速的拉升导致股价逐步远离长期均线，形成了较大的偏离。此时，均线的修复功能开始发挥作用，股价从顶部滑落后，开始缓慢下移靠近均线。由于其低点下移的幅度极小，几乎可以视作横盘，近似于被动修复。

不过，不管是主动修复还是被动修复，短线投资者都应尽量在靠近阶段顶部的位置出货，以避开后市可能的下跌与长时间的窄幅波动。中长线投资者则不必理会，继续持有即可。

4 月中下旬，股价在走平的同时靠近了不断上扬的 60 日均线，二者产生接触后，60 日均线对股价形成了强劲的支撑，使得股价很快再次开始上涨，新一轮拉升的入场点出现。

此次股价上涨至 14.00 元价位线附近后再次滞涨，并进入了横盘整理。这一次股价长时间被限制在 12.00 元到 14.00 元进行窄幅波动，被动地等待均线靠近，这是一个比较标准的被动修复形态。此时，短线投资者依旧需要及时卖出，等待下一次拉升。

在此期间，60 日均线还保持着稳定的上扬角度，逐渐靠近了横盘的股价。6 月底到 7 月初，股价还未接触到 60 日均线时就出现了逐步的上涨，意味着后市的拉升可能更为剧烈，持币观望的投资者此时可以积极买进，场内投资者则可以适当加仓。

第2章

[MA指标特殊形态买卖实战]

　　MA指标的特殊买卖形态在均线的技术分析中具有重要地位，是投资者用于决策买卖点的关键工具。MA指标的特殊形态既包括均线组合自身交叉变动构成的形态，也包括与股价共同配合形成的形态，投资者只要合理使用，准确判断，就有很大机会赚取收益。

2.1 葛兰威尔八大买卖法则

葛兰威尔八大买卖法则理论中包含的八项买卖法则分别对应八个不同的买卖点，分布在一个完整的涨跌周期中。

其中，在上涨行情中存在三个买点和一个卖点，在下跌行情中则存在三个卖点和一个买点，如图 2-1 所示。

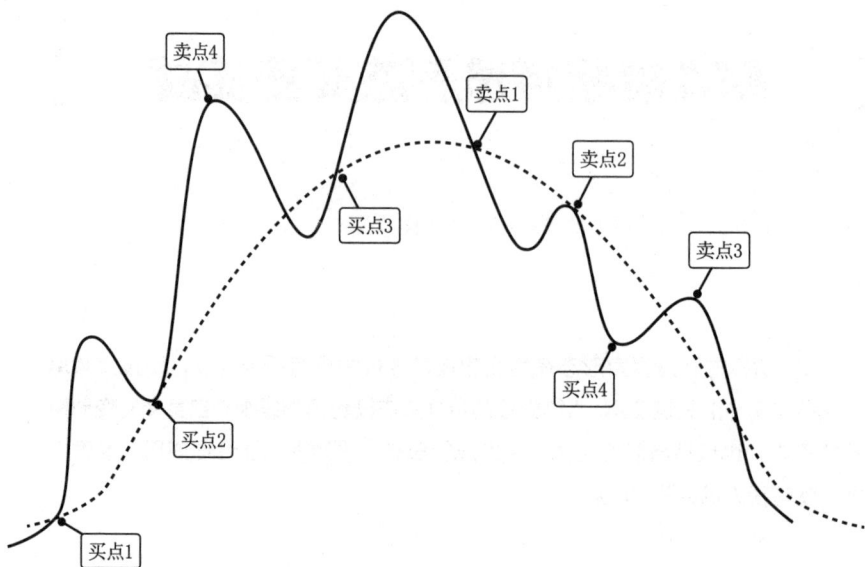

图 2-1 葛兰威尔法则买卖点示意图

在图 2-1 中，实线代表的是股价，虚线代表的是均线。二者之间的位置关系及交叉形态，就形成了八个买卖点。

需要注意的是，在使用葛兰威尔八大买卖法则时，需要的均线仅有一条，这一点与均线组合不同。这是因为均线组合在运行时，会因为滞后性的不同产生不同的交叉形态，可能会发出矛盾信号从而影响投资者的判断，因此，选择一条合适的均线是最好的。

本节就选择时间周期适中的 30 日均线来对葛兰威尔八大买卖法则进行解析。

2.1.1 买点 1：黄金交叉

买点 1 是出现在上涨行情初期，由股价上涨突破 30 日均线形成的一个黄金交叉，其示意图如图 2-2 所示。

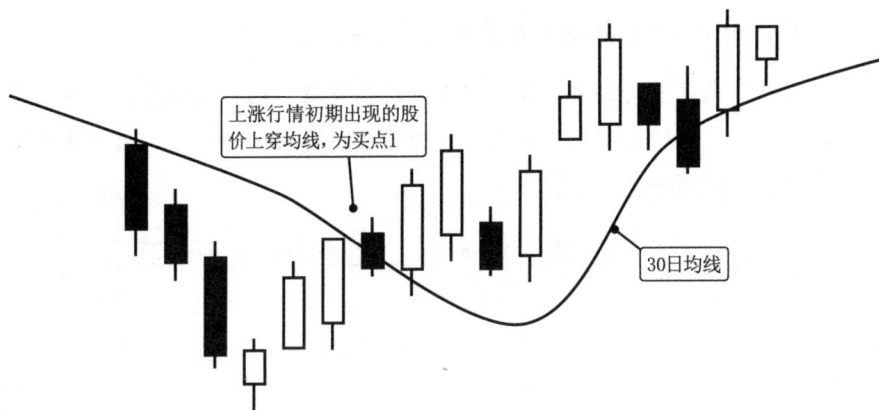

图 2-2 买点 1：黄金交叉

（图中标注：上涨行情初期出现的股价上穿均线，为买点 1；30 日均线）

这个黄金交叉开启了上涨行情，是整个买卖法则中最接近底部的买点，投资者只要操作得好，买入及时，完全是有可能实现抄底的，但前提是注意分辨底部的构筑。

下面来看一个具体的案例。

实例分析

招商积余（001914）买点 1 分析

图 2-3 所示为招商积余 2018 年 2 月到 2019 年 8 月的 K 线图。

从 K 线图中可以看到，招商积余正处于上涨行情的初期。从均线的状态可以发现，在 2018 年 7 月之前，股价都处于下跌状态，7 月到 9 月，股价的跌速有所减缓，但整体还是在不断下移。

10 月初，股价突然出现了大幅的收阴下跌，加速向下探底。与此同时，成交量却出现了放量的状态，这说明其中很有可能有主力在参与，目的是将股价下拉到更低的区域，以便摊低建仓成本。待到建仓完毕，后市可能会出现一波拉升，进入上涨行情中。因此，投资者在发现这样的走势后，就要对其保持高度关注。

10月中旬，股价创出5.68元的新低后快速回升，短时间内大幅收阳上涨，迅速突破了30日均线，形成一个黄金交叉，买点1出现。

结合前期成交量的异常表现，以及股价在突破后的积极涨势，投资者基本可以判断出新行情的到来。因此，在股价成功突破均线之后，投资者就可以积极建仓，实现抄底。

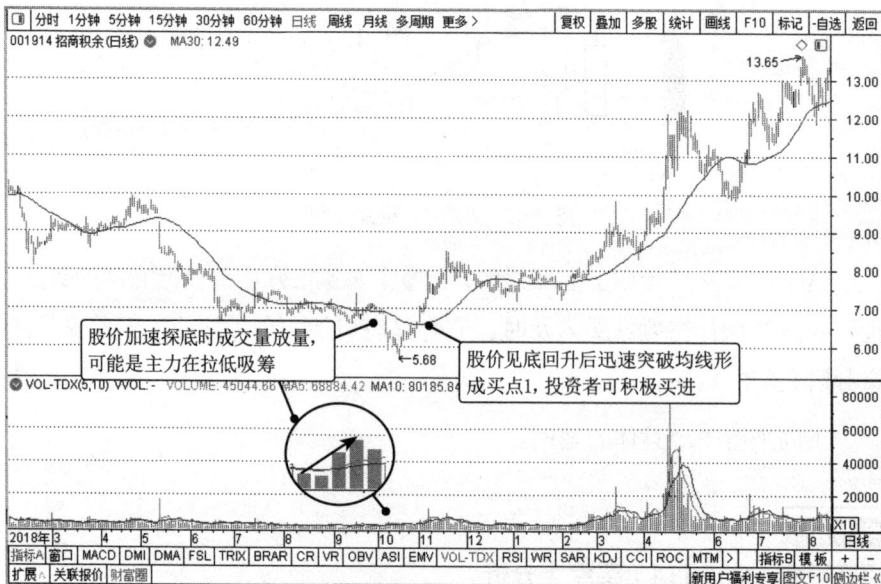

图 2-3　招商积余 2018 年 2 月到 2019 年 8 月的 K 线图

2.1.2　买点2：回踩不破

买点2是出现在上涨过程中的，股价阶段见顶后回调的底部位置，并且回踩没有有效跌破30日均线，其示意图如图2-4所示。

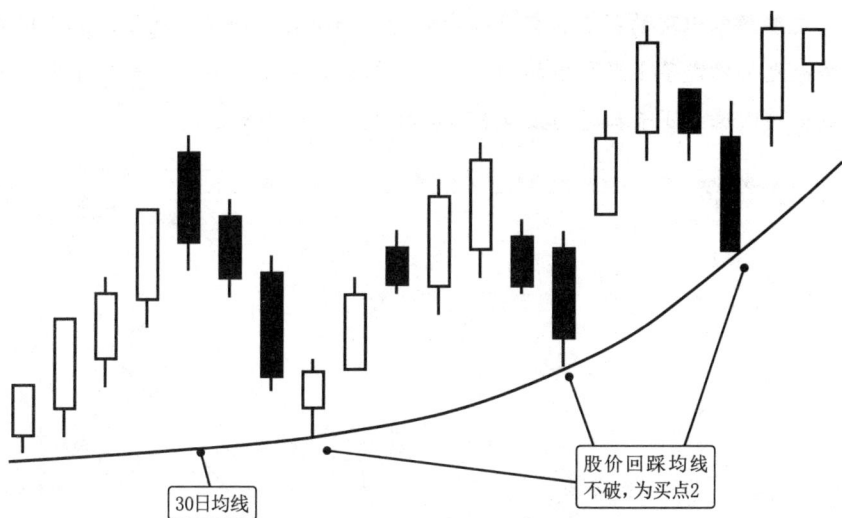

图 2-4　买点 2：回踩不破

买点 2 会出现在买点 1 之后，但不一定紧挨着买点 1 出现。在上涨行情中，股价拉升阶段见顶后回调可能会出现多次，每一次回调不破均线的位置，都是买点 2，投资者可在这些买点 2 的位置入场或是加仓。

下面来看一个具体的案例。

实例分析

亿纬锂能（300014）买点 2 分析

图 2-5 所示为亿纬锂能 2020 年 9 月到 2021 年 1 月的 K 线图。

从 K 线图中可以看到，亿纬锂能正处于上涨的过程中。从均线的走势可以发现，在 9 月之前股价还在下跌，一直跌至 30 日均线以下运行，直到 9 月底才再次向上突破均线，回到了上涨轨道。

在继续上涨后不久，股价出现了横向震荡的走势，在 10 月底形成了一个小幅回落不破的买点 2。随后，股价受到 30 日均线的支撑迅速上扬，很快来到了 70.00 元价位线附近，并分别在 11 月中旬和 12 月初形成了两次回踩，都没有有效跌破均线的支撑，买点 2 再次形成。

这些频繁出现的买点2都是投资者的入场机会，同时，反复回踩不破的走势也更加确定了上涨行情的稳定。在后续的走势中，股价又进行了数次或大或小的回踩，还未入场的投资者需要抓住机会追涨买进。

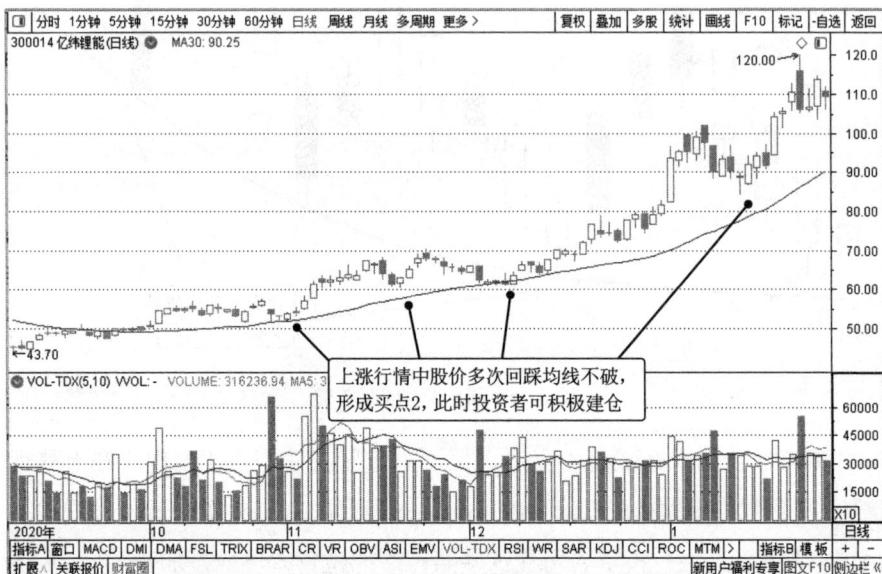

图2-5　亿纬锂能2020年9月到2021年1月的K线图

2.1.3　买点3：小幅跌破

买点3出现的位置也在上涨行情中，技术形态与买点2比较类似，都是股价回调靠近均线形成的。但买点3是在股价小幅跌破均线后，再次回升并上穿均线时出现的，其示意图如图2-6所示。

需要注意的是，买点3不是股价见底回升的位置，而是股价再次上穿均线的位置。在此处入场能够确定涨势的稳定性，避免出现股价回升到均线处受阻再次下跌，使投资者资金受损的情况。

在上涨行情中，买点2与买点3经常会交错出现，这是非常正常的，投资者只需注意二者买入时机的不同之处即可。

短线投资者可根据不同的买入信号，在不同的位置分段操作；而中长线投资者则不建议频繁买卖，只要股价没有表现出明显的下跌迹象，就可以一直持有，甚至还可在买点 2 和买点 3 出现的位置加仓。

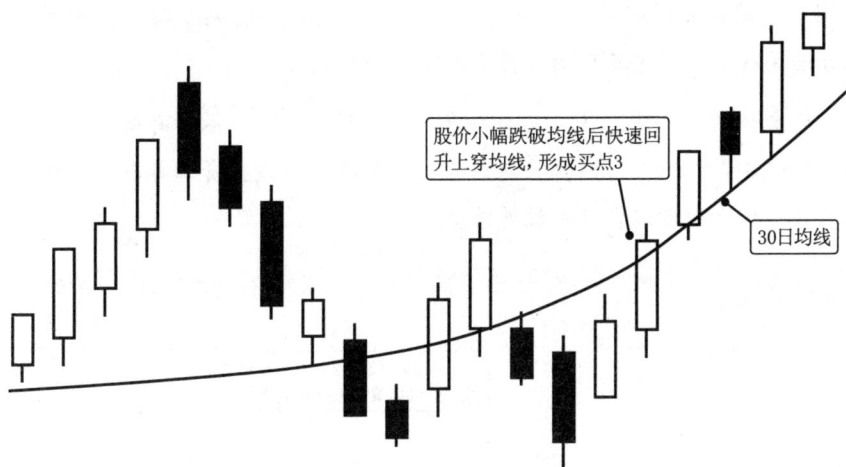

图 2-6　买点 3：小幅跌破

下面来看一个具体的案例。

实例分析

药明康德（603259）买点 3 分析

图 2-7 所示为药明康德 2020 年 7 月到 2021 年 1 月的 K 线图。

从 K 线图中可以看到，药明康德正处于上涨行情之中。在 7 月期间，股价还在快速上涨，直到接近 120.00 元价位线时才受到压制开始回落。

8 月中上旬，股价一路下滑跌破了 30 日均线的支撑，但随后数日就出现了回升走势，想要回到均线上方。此时均线的支撑作用已经转为压制作用，股价向上突破失败，再次拐头下跌。

9 月中旬，股价下跌见底并缓慢回升，最终于 9 月底成功上穿了 30 日均线，形成了一个买点 3。股价在回到均线上方后不久，就受到了 110.00 元价位线的压制再次下滑，不过此次下滑在均线上受到了支撑很快回升，形成了一个买点 2。

在此之后，股价继续上涨，于 11 月中上旬来到了 120.00 元价位线附近。此时股价的上涨动能再次衰竭，拐头进入下跌，又一次跌破了 30 日均线。12 月初，股价止跌回升，第一波上涨在 30 日均线处受到了阻碍，但第二波拉升还是成功突破了其压制，再次形成一个买点 3。

在整体的走势中，买点 2 与买点 3 反复交错出现，尽管有些买点对应的涨幅比较小，但依旧可以作为赚取收益的目标。短线投资者可以分段操作，中长线投资者则可以在这些位置适当加仓。

图 2-7　药明康德 2020 年 7 月到 2021 年 1 月的 K 线图

2.1.4　买点 4：乖离过大

买点 4 是葛兰威尔八大法则中唯一出现在下跌行情中的买点，目的是抢下跌行情中的反弹，位置在股价过度下跌后止跌回升的低点，其示意图如图 2-8 所示。

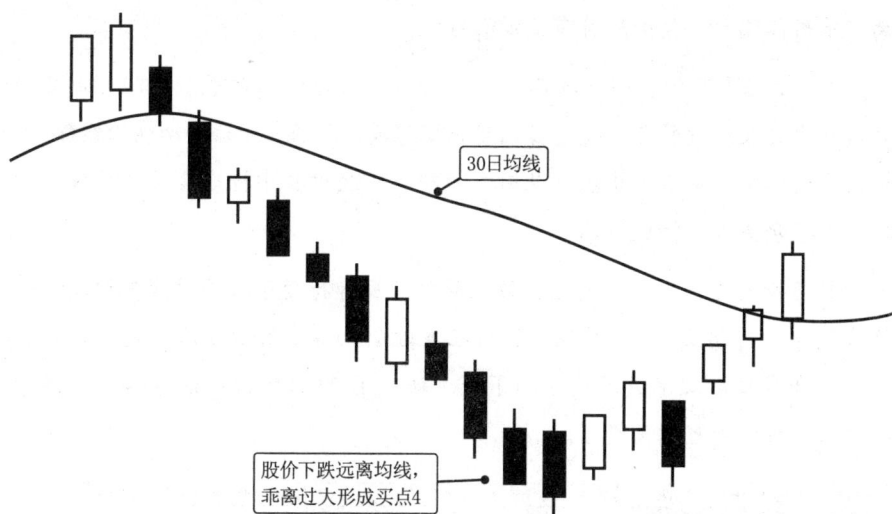

图 2-8　买点 4：乖离过大

　　这里的乖离过大指的是下跌的股价与均线之间的距离过大，股价在过度下跌后会形成主动修复，朝均线靠近，这一段主动修复的涨幅就是投资者的操作目标。

　　不过，在下跌行情中抢反弹的难度和风险始终要比上涨行情中高，投资者一定要注意及时止盈和止损，避免被套场内得不偿失。

　　下面来看一个具体的案例。

实例分析

泸州老窖（000568）买点 4 分析

　　图 2-9 所示为泸州老窖 2021 年 2 月到 8 月的 K 线图。

　　从 K 线图中可以看到，泸州老窖正处于下跌行情之中。2 月中旬到 3 月初，股价还维持着急速的下跌状态，30 日均线在其带动下于 2 月底拐头向下。仅仅十几个交易日，股价就从顶部的 327.66 元滑落到接近 180.00 元，跌幅超过 45%。

　　短时间内如此巨大的跌幅，使得股价与 30 日均线之间拉开了较远的距离。乖离值偏大，股价随时有反弹的可能。

3月上旬，股价在一次收阴接近180.00元价位线后形成触底回升走势。股价在次日及后续的几个交易日内都出现了反弹迹象，开始主动朝均线靠近，形成主动修复，买点4出现。此时，希望在下跌过程中抢一波反弹的投资者就可以轻仓买进，持股待涨。

从后续的走势也可以看到，股价此次的反弹持续了较长时间，但高点始终未能靠近前期顶部。5月底，股价在靠近280.00元价位线后出现明显的滞涨，并在数日后就形成了快速的下跌，跌破了30日均线，这意味着反弹即将结束，投资者可以离场了。

图 2-9　泸州老窖 2021 年 2 月到 8 月的 K 线图

2.1.5　卖点 1：死亡交叉

卖点1出现在下跌行情初期，也是股价进入下跌后第一次跌破30日均线的位置，因此称之为死亡交叉，其示意图如图2-10所示。

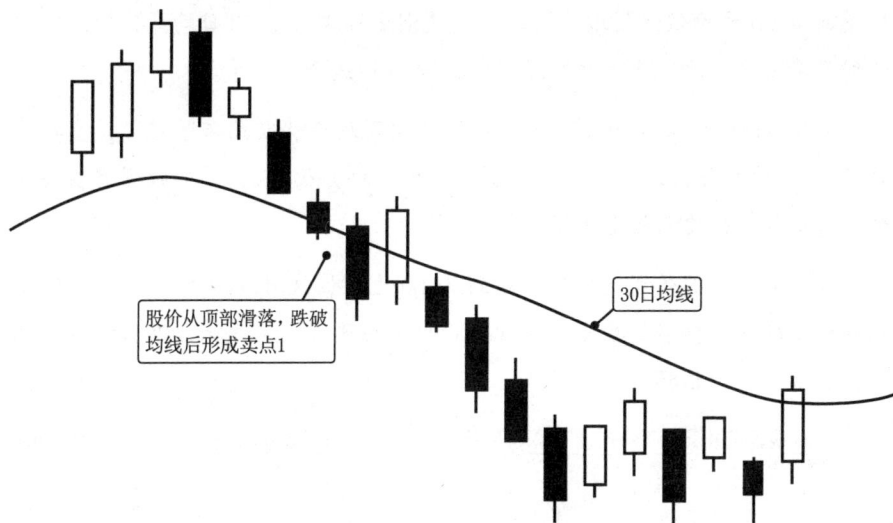

股价从顶部滑落，跌破均线后形成卖点1

30日均线

图 2-10　卖点 1：死亡交叉

股价第一次下跌跌破 30 日均线时，均线大概率还未完成转向，股价在对其进行扭转。

谨慎的投资者可在股价跌破均线，并且短时间内未出现回升迹象时快速卖出，保住收益；惜售的投资者则可以等待均线彻底转向，下跌行情确定后再出局。

下面来看一个具体的案例。

实例分析

埃斯顿（002747）卖点 1 分析

图 2-11 所示为埃斯顿 2021 年 6 月到 10 月的 K 线图。

从 K 线图中可以看到，埃斯顿正处于下跌行情初期。在 6 月期间，股价还在震荡中不断上涨，于 7 月上旬来到了 40.00 元价位线上方，并创出42.50 元的新高。

股价在创出新高后就失去了继续上涨的动力，开始在 40.00 元价位线上方横盘。数日后，股价开始下跌，第一次下跌在 30 日均线上受到了支撑，反弹回 40.00 元价位线附近。第二次下跌则小幅跌破了 30 日均线，但很快又回到了其上方，此次下跌的幅度较大，30 日均线开始走平。

8 月初，股价又出现了一次下跌，此次下跌走势就比较坚定了，直接跌破了 30 日均线并持续下滑，形成了一个明显的卖点 1。谨慎的投资者在观察到这种走势后就要积极卖出了。

随后数日，股价迅速收阴下滑到 34.00 元价位线附近横盘，并带动 30 日均线彻底转向。惜售的投资者见此情形也应该迅速反应过来，在股价横盘的位置出货，及时止损。

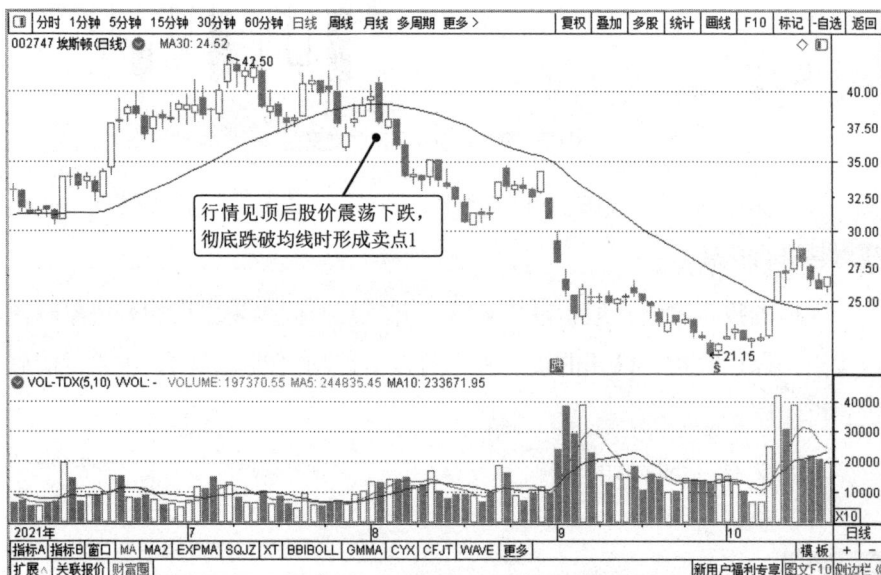

行情见顶后股价震荡下跌，彻底跌破均线时形成卖点 1

图 2-11　埃斯顿 2021 年 6 月到 10 月的 K 线图

2.1.6　卖点 2：反弹不过

卖点 2 是在形成下跌过程中的一个卖点，是股价在反弹到均线附近后受压下跌，反弹不过形成的，其示意图如图 2-12 所示。

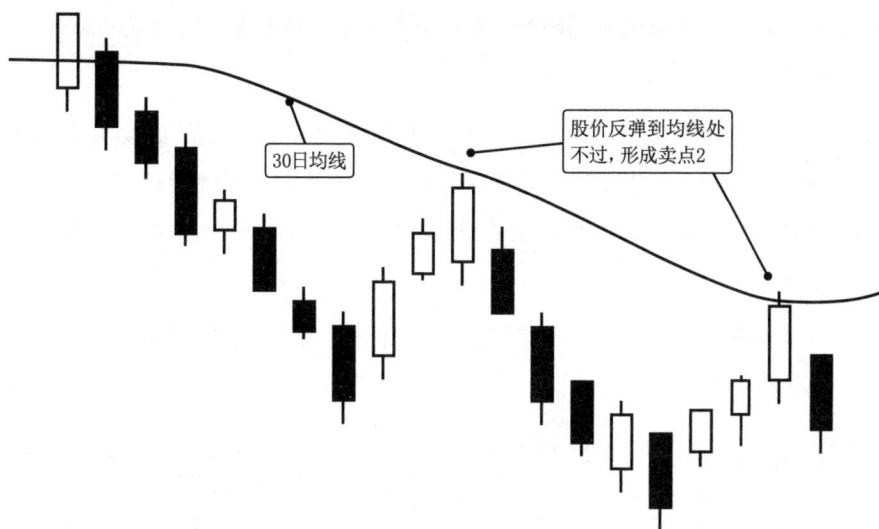

图 2-12　卖点 2：反弹不过

股价在下跌之后反弹到均线附近不过，意味着场内多方动能不足，股价反弹的涨势也很小，并不具有太大的操作价值，顶部可作为被套投资者和短线投资者的出货点。并且越是靠近顶部的卖点 2，其止损的意义就越大，投资者要抓住机会。

下面来看一个具体的案例。

实例分析

长城科技（603897）卖点 2 分析

图 2-13 所示为长城科技 2021 年 11 月到 2022 年 3 月的 K 线图。

从 K 线图中可以看到，长城科技正处于下跌行情之中。在 2021 年 11 月期间，股价还在逐步上涨，直到 12 月初在创出 66.03 元的新高后，才出现横盘后下跌的走势。

12 月中旬，股价跌破了 30 日均线，但在数日后就出现了反弹，上涨至 30 日均线附近后便被压制下跌。

死亡交叉和反弹不破在这一段走势中相继出现，形成卖点 1 和卖点 2，传递出了后市下跌的信号，谨慎的投资者应当在这两个卖点的位置及时卖出，保住收益。

从后续的走势中可以看到，股价在2022年1月上旬跌至45.00元价位线附近后进入横盘。1月中旬，股价再次反弹，但此次反弹幅度依旧不大，持续时间也很短，数日后，股价就在30日均线附近受阻下跌，形成了又一个卖点2。

这个卖点2的出现更加坚定了下跌行情趋势的形成，还未离场的投资者需要抓紧时间在此位置卖出。

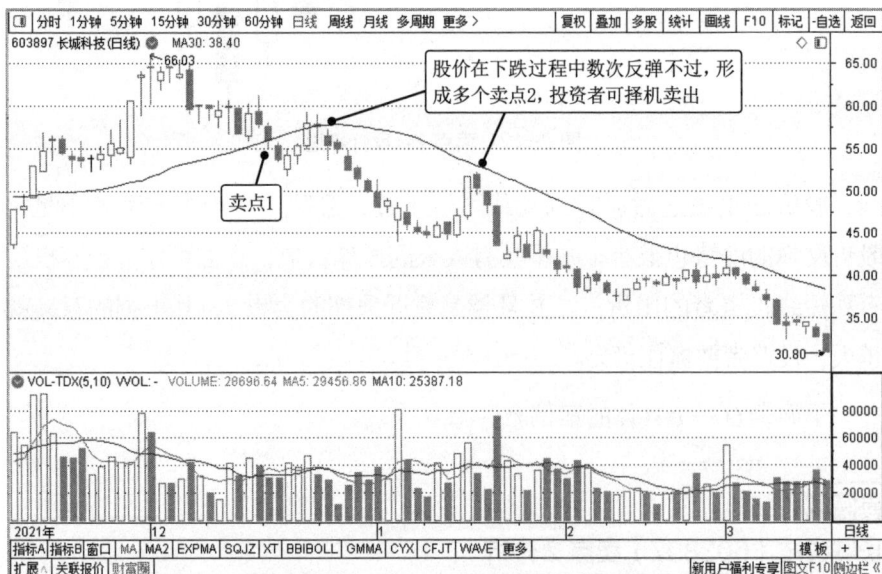

图2-13　长城科技2021年11月到2022年3月的K线图

2.1.7　卖点3：小幅突破

卖点3和卖点2一样，都是出现在下跌行情中的卖点。卖点3是股价在反弹过程中小幅突破均线，见顶后拐头下跌形成的，其示意图如图2-14所示。

股价在下跌过程中反弹
越过均线，顶部为卖点3

30日均线

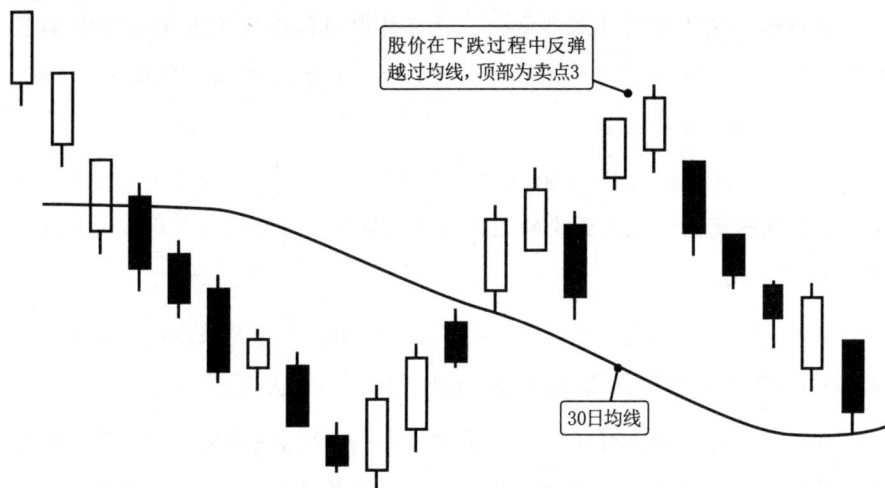

图 2-14　卖点 3：小幅突破

卖点 3 比起卖点 2 来说，反弹幅度会更大一些，可操作空间也更大。不过这两个卖点之间并不存在先后顺序，有可能股价在上涨行情见顶后滑落的过程中，第一个反弹就是小幅突破，紧接着又是反弹不过，二者交错出现也是很正常的。

因此，投资者在操作时最需要注意的就是股价靠近均线的位置，只要股价坚定突破均线，那么即将形成的就是卖点 3，投资者及时在股价见顶下跌的位置出货即可。

下面来看一个具体的案例。

实例分析

大参林（603233）卖点 3 分析

图 2-15 所示为大参林 2021 年 1 月到 5 月的 K 线图。

从 K 线图中可以看到，大参林正处于下跌行情之中。1 月期间，股价还在大幅收阳上涨，短时间内涨幅较大，直到创出 106.50 元的新高后，才拐头进入下跌。

股价这一波下跌的速度非常快，在 2 月中旬就跌破了还在上行的 30 日均线，运行到 90.00 元价位线附近，形成了一个卖点 1。随后，股价继续下滑，很快带动均线转向下方。

3 月上旬，股价跌至 75.00 元价位线附近后横盘了一段时间，于 3 月中旬开始了收阳反弹。此次股价的上涨幅度比较大，很快在 3 月底靠近并成功突破了 30 日均线。

不过，股价在突破后不久便失去了上涨动力，涨速越来越慢，最终在靠近 90.00 元价位线的位置见顶，随后拐头下跌，形成卖点 3。

在后续的走势中，股价迅速下滑至 70.00 元价位线附近，在受到支撑后再次反弹。不过此次的反弹力度稍显不足，股价未能突破 30 日均线，在接触到均线后就很快被压制下跌了，形成了一个位置较低的卖点 2。

卖点 1、卖点 3 与卖点 2 的先后出现，不断加强着下跌行情到来的信号，机警的投资者应当尽早选择合适的卖点出局。

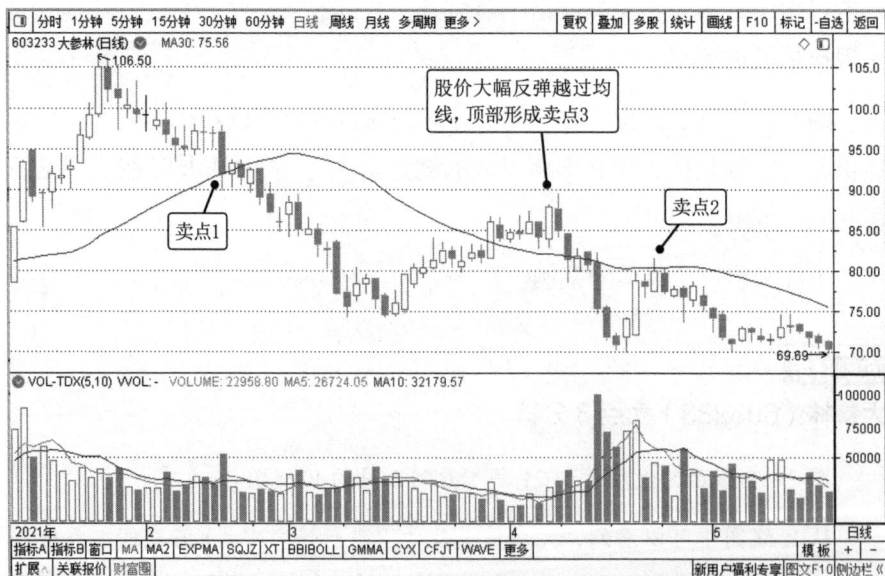

图 2-15　大参林 2021 年 1 月到 5 月的 K 线图

2.1.8　卖点 4：乖离过大

卖点 4 是唯一出现在上涨行情中的卖点，是股价在经过大幅度或是快速上涨后，与均线产生较大的偏离，导致股价向着均线主动靠拢的过程中形成的，位置在拉升的顶部，其示意图如图 2-16 所示。

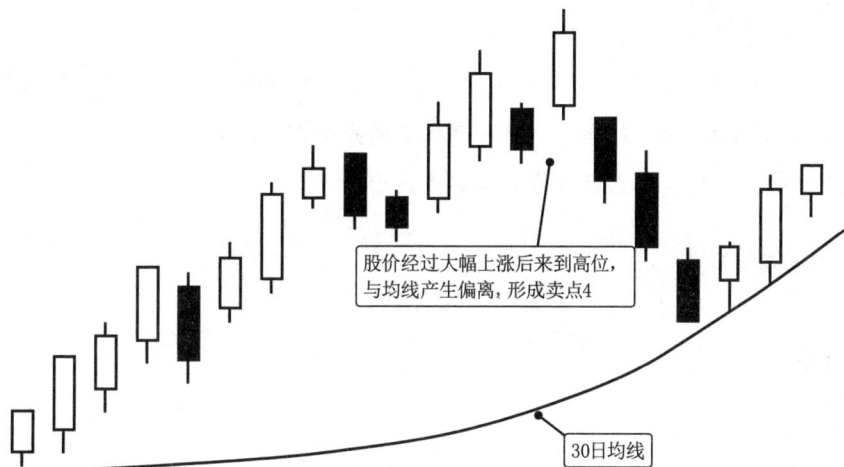

股价经过大幅上涨后来到高位，与均线产生偏离，形成卖点4

30日均线

图 2-16　卖点 4：乖离过大

由于卖点 4 形成于上涨行情的阶段顶部，对于中短线投资者来说可以卖出，长线投资者则不必着急在这个卖点出手，毕竟在其之后还有一段上涨空间。不过，不出手的前提是确定该位置为阶段顶部而不是行情顶部，投资者要注意分辨。

下面来看一个具体的案例。

实例分析

小康股份（601127）卖点 4 分析

图 2-17 所示为小康股份（2022 年 8 月 2 日更名为赛力斯）2020 年 9 月到 2021 年 1 月的 K 线图。

从 K 线图中可以看到，小康股份正处于上涨行情之中。从 9 月到 10 月，股价还在低位窄幅盘整，直到进入 11 月后，才开始逐步上涨。

11 月中旬，股价突然毫无预兆地出现了连续的涨停，短时间内形成了极大的涨幅，很快与 30 日均线产生了偏离。

12 月初，股价创出了 24.38 元的新高。此时，距离刚开始上涨时的 10.00 元附近，股价的涨幅已经接近 144%。并且股价在当天就形成了冲高回落的走势，盘中跌势明显，有拐头进入下跌形成卖点 4 的趋势，谨慎的投资者应在当日卖出持股。

就在股价见顶的次日，K 线形成了一根倒 T 字跌停，快速将股价带到 20.00 元价位线以下。结合前一日冲高回落的走势，股价继续下跌的概率极大，卖点 4 确定，投资者需在股价开板后迅速出局。

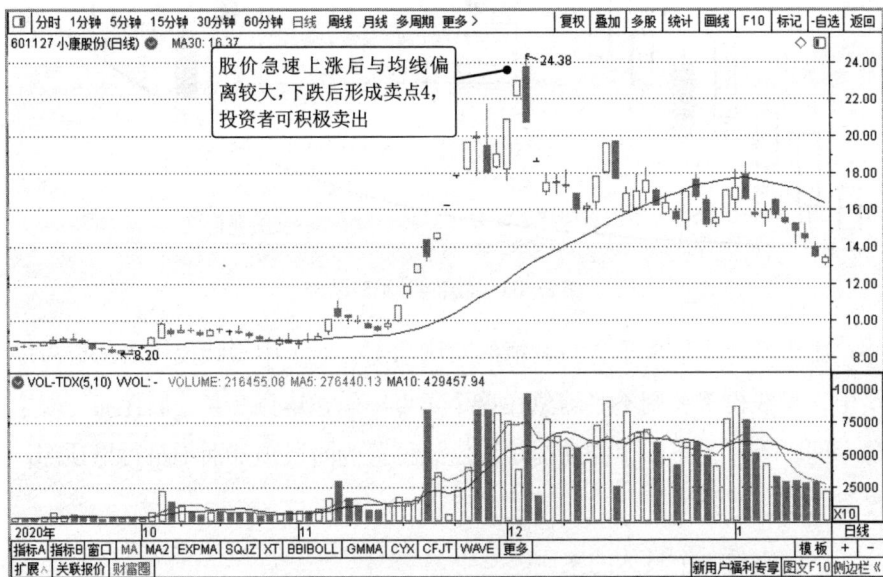

图 2-17　小康股份 2020 年 9 月到 2021 年 1 月的 K 线图

2.2　MA 指标的特殊买入形态

葛兰威尔八大买卖法则借助的是单根均线与股价之间的位置与交叉关

系，但当均线形成组合时还有更多用法。其中的特殊买入形态就是在均线组合的基础上形成的，这是有助于投资者寻找介入时机的均线形态。投资者只要应用得当，就能实现有效扩收。

2.2.1　金银山谷

金银山谷其实是由银山谷与金山谷两个形态构成的组合形态，两个山谷的技术形态一致，只是出现的时间和位置不同。

这两个山谷都是股价经过一段时间的整理或下跌后，均线组合中的短期均线由下往上穿过中期均线和长期均线，中期均线由下往上穿过长期均线，从而形成的一个尖头朝上的不规则三角形，其示意图如图 2-18 所示。

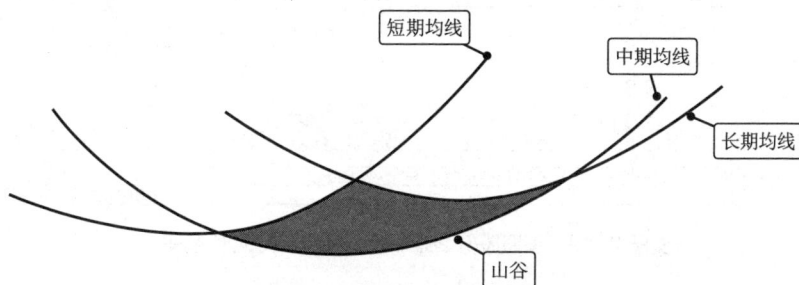

图 2-18　金银山谷的技术形态示意图

金银山谷一般出现在上涨行情的初期，首先形成的是银山谷，代表股价开始进入上涨之中，位置相对较低。

其后出现的便是金山谷，意味着股价在经过整理后再次开始拉升，更加确定了上涨行情的形成。并且金山谷与银山谷之间的距离越远，相对位置越高，那么对后市看涨的预示就越强烈。

激进的投资者可以在银山谷形成后就大胆建仓，谨慎的投资者则可以在金山谷出现后再买进。

下面来看一个具体的案例。

实例分析

恒通股份（603223）金银山谷买点解析

图 2-19 所示为恒通股份 2020 年 1 月到 6 月的 K 线图。

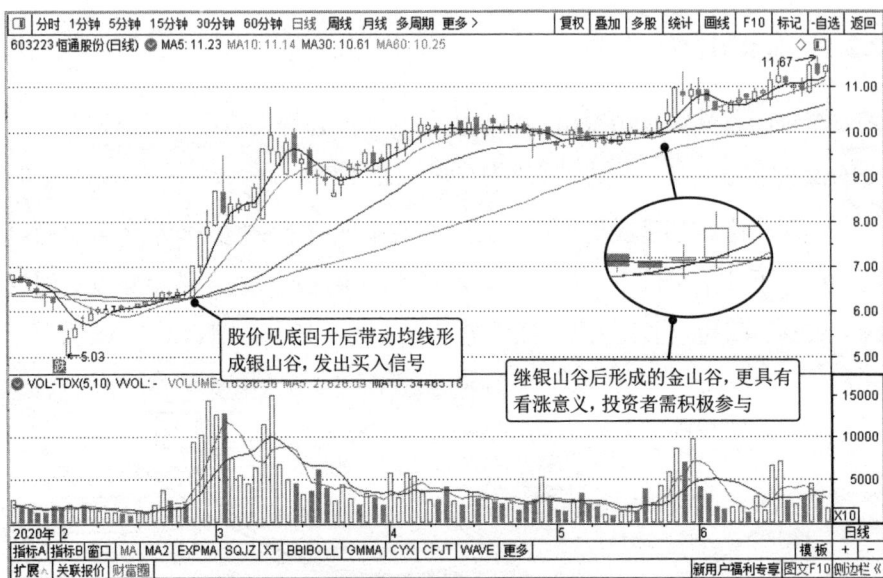

图 2-19　恒通股份 2020 年 1 月到 6 月的 K 线图

从 K 线图中可以看到，恒通股份正处于上涨行情的初期。在 1 月下旬，股价突然加速探底，很快便来到 5.00 元价位线附近，创出 5.03 元的新低后，开始了逐步的回升。

股价第一波的上涨速度不算快，但也能够带动 5 日均线和 10 日均线拐头向上形成交叉，不过 30 日均线还在走平。直到 2 月下旬时，5 日均线才成功上穿 30 日均线，10 日均线则还在缓慢靠近 30 日均线。

2 月底，股价突然连续大幅收阳上涨，涨速大大加快，10 日均线迅速完成了对 30 日均线的上穿，三条均线形成了一个银山谷。此时，买入信号发出，激进的投资者可以大胆建仓了。

在后续的走势中，股价上涨积极。进入 4 月后，股价在 10.00 元价位线附近受到阻碍，滞涨横盘，三条均线逐步黏合在一起。

5 月下旬，股价的横盘到了后期，出现了继续上涨的迹象。5 日均线和 10 日均线交叉向上，很快便突破了 30 日均线的压制，继银山谷之后，形成了一个位置更高的金山谷。

相较于银山谷形成时 6.00 元左右的价格，金山谷已经达到了 10.00 元附近，涨幅接近 67%，位置上抬高了不少。这说明后市的上涨空间巨大，并且涨势确定，还未入场的投资者此时也要积极参与了。

2.2.2　多头排列

多头排列指的是股价在上涨过程中，带动均线出现了短期均线在上，中期均线及长期均线在下的一种排列形态，与股价呈同步上涨状态，其示意图如图 2-20 所示。

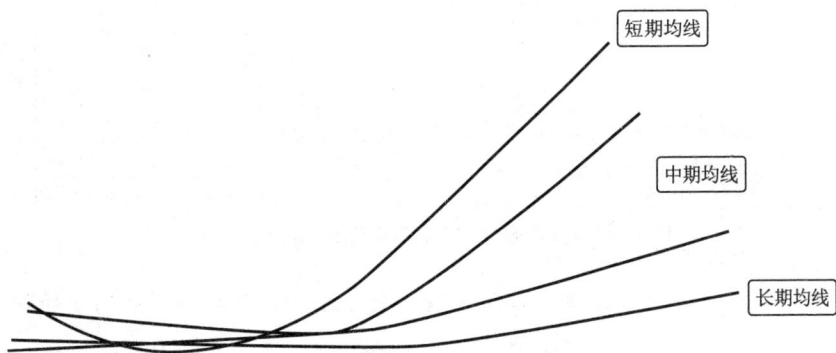

图 2-20　多头排列形态

当多头排列形成时，意味着市场中大部分投资者的持仓成本都在提升。但股价始终位于均线上方，也就说明大部分的投资者都产生了盈利，进而吸引更多投资者追涨入场，导致股价愈发高涨，形成正向循环。

这样的形态是后市上涨的积极信号，只要排列没有被破坏，即均线之间没有产生交叉，那么股价的涨势就能延续下去，投资者可以在此期间积极追涨入场。

下面来看一个具体的案例。

实例分析

江海股份（002484）多头排列买点解析

图 2-21 所示为江海股份 2021 年 4 月到 10 月的 K 线图。

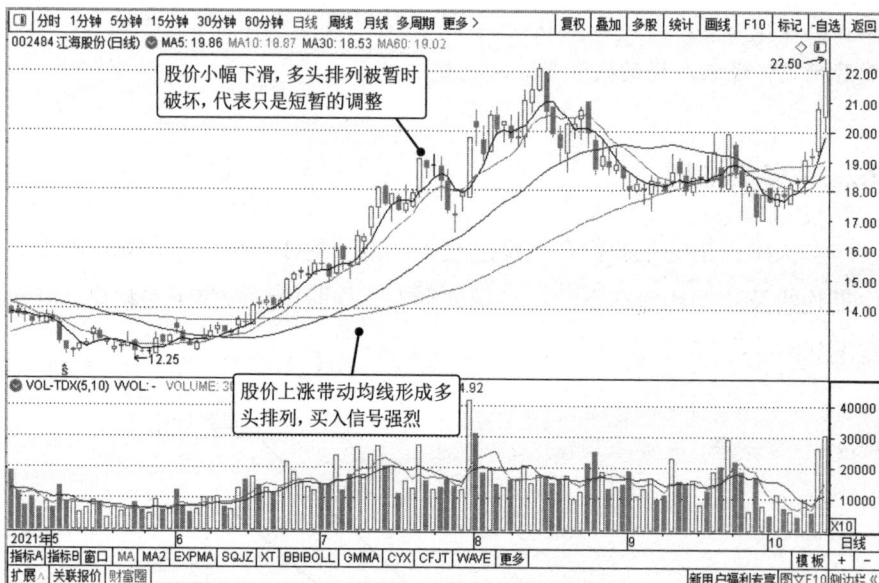

图 2-21　江海股份 2021 年 4 月到 10 月的 K 线图

从 K 线图中可以看到，江海股份正处于上涨行情之中。从均线的状态可以发现，在 4 月之前，股价还处于上涨之中，只是在 4 月到 5 月进入了回调，均线逐渐靠拢，产生交叉。

5 月下旬，股价创出了 12.25 元的新低，随后开始了缓慢的回升。随着时间的推移，股价的涨速越来越快，很快便带动 4 条均线由交叉转为向上发散。

最先散开的是 5 日均线、10 日均线和 30 日均线，这三条均线在 6 月中上旬时就已经全部拐头向上，并形成了初步的多头排列。不过此时 60 日均线还在走平，并未参与进来，形成的买入信号稍弱，激进的投资者可以尝试轻仓买进。

进入 7 月后，股价再次加快了上涨速度，带动 60 日均线出现了拐头向上的走势，并与前面三条均线形成了完整的多头排列。此时，形态发出的买入信号尤为强烈，还在观望的投资者也可以积极追涨了。

7 月底，股价出现了小幅的下跌，导致 5 日均线和 10 日均线之间形成了交叉，破坏了多头排列的形态。

不过此次股价的跌幅不大，在 30 日均线上受到支撑再次上涨，均线组合也重新形成了多头排列，说明此次下跌只是场内积累的抛压的一次释放。投资者可继续持有，待到股价出现见顶下跌迹象时再卖出。

2.2.3　逐浪上升

逐浪上升指的是在单边上涨行情中，短、中期均线伴随股价上移时多次出现交叉现象，长期均线以斜线向上状态托着短、中期均线往上攀升，其示意图如图 2-22 所示。

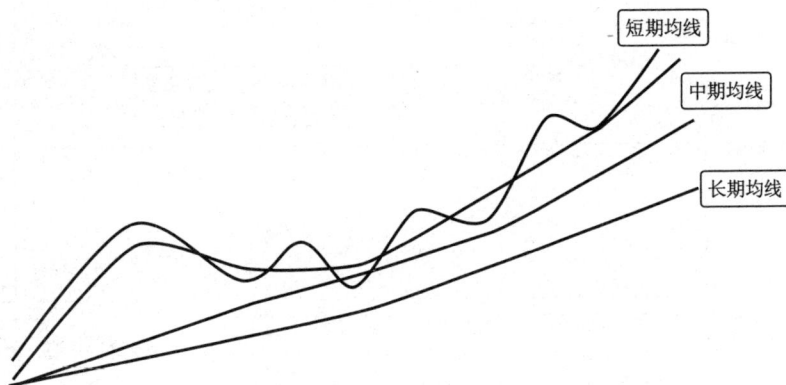

图 2-22　逐浪上升形态

在逐浪上升形态形成过程中，长期均线的运行越稳定，短、中期均线的交叉浪形越清晰，那么形态传递出的买入信号就越强烈，股价的上涨空间可能会越大。

中长线投资者在交易时，不宜跟随震荡频繁出入，只要长期均线在下方未被彻底跌破，那么投资者就可以一直持有。

短线投资者倒是可以分段操作，但最好不要频繁在每个波浪的底部与顶部买卖，而应在买进后持有数个波浪，在收益达到一定程度后在浪尖卖出，这可反复操作，直至将一整段形态的涨幅收入囊中。

下面来看一个具体的案例。

实例分析

山西汾酒（600809）逐浪上升买点解析

图 2-23 所示为山西汾酒 2020 年 3 月到 12 月的 K 线图。

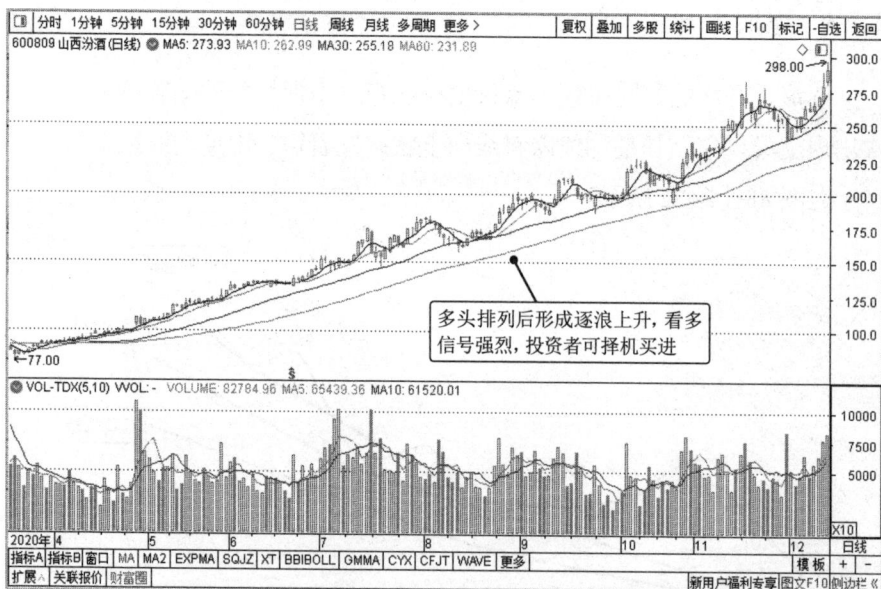

图 2-23 山西汾酒 2020 年 3 月到 12 月的 K 线图

从 K 线图中可以看到，山西汾酒正处于上涨行情之中。从均线的状态可以发现，在 3 月中旬之前，股价还在进行回调整理，直到 3 月下旬才开始缓慢上涨。

进入 4 月后，股价涨速有所加快，带动黏合在一起的均线开始向上发散，并于 4 月底全部完成转向，形成多头排列。此时，股价发出了初步的买入信号，投资者可积极追涨。

到了 6 月中旬左右，股价进行了一次横盘整理，导致 5 日均线和 10 日均线产生交叉，破坏了多头排列的形态，看多信号暂缓。

但在此之后，股价便开始在 30 日均线和 60 日均线的坚定支撑下呈波浪形震荡上涨。5 日均线和 10 日均线也在不断震动交叉，形成了逐浪上升的形态，并且越到后期，形态的浪形愈发清晰。

在多头排列后紧接着出现逐浪上升，这无疑更加确定了上涨行情的走势，并且坚定上扬的 30 日均线和 60 日均线保证了涨势的稳定性。因此，投资者可在逐浪上升形成阶段择机买进，持股待涨。

2.2.4　蛟龙出海

蛟龙出海指的是股价在经历盘中或回调下跌后，进入了整理后期，一根大阳线拔地而起，同时向上突破了短期、中期和长期均线，大阳线收盘价在这几条均线之上，犹如一条蛟龙从海中腾飞而起，其示意图如图 2-24 所示。

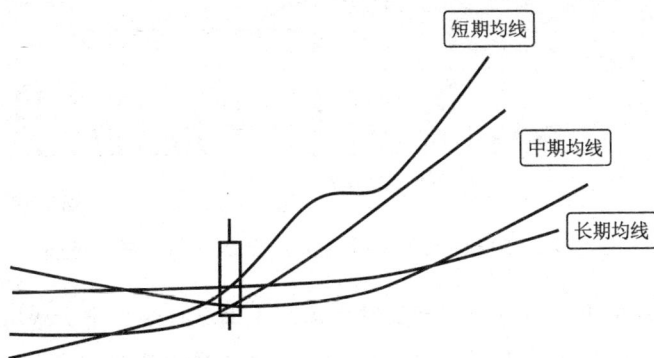

图 2-24　蛟龙出海形态

蛟龙出海是典型的盘整突破信号，并且是向上突破的信号。在此之前，股价可能经历了长时间的走平或是震荡，导致均线组合黏合或交叉在一起，最终才能在后期被一根大阳线突破。

这根阳线的实体越长，那么其发出的看涨信号就越强烈，股价在脱离盘整后能够上涨的空间也更广阔。投资者在发现蛟龙出海形态后，就可以追涨入场，或是等到均线向上发散开后再入场。

下面来看一个具体的案例。

实例分析

宁德时代（300750）蛟龙出海买点解析

图 2-25 所示为宁德时代 2019 年 9 月到 2020 年 1 月的 K 线图。

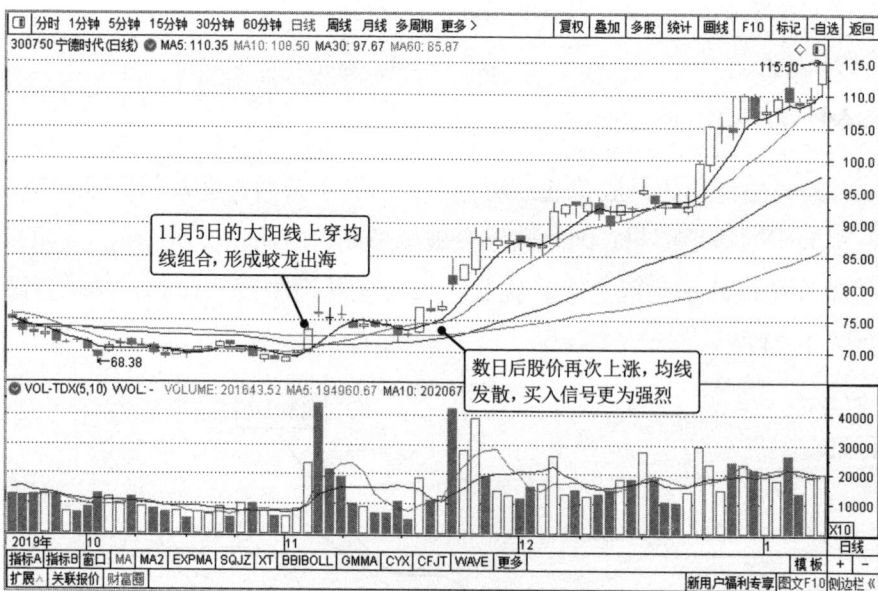

图 2-25　宁德时代 2019 年 9 月到 2020 年 1 月的 K 线图

从 K 线图中可以看到，宁德时代正处于上涨行情之中。从均线的状态可以发现，2019 年 9 月到 10 月，股价还在进行横盘整理，均线组合黏合在一起窄幅波动。

进入 11 月后，成交量开始大幅放量，股价受其影响出现上涨。11 月5 日，股价在高开后长时间横盘，却在下午时段开盘后急速上涨，迅速冲到了 5.22% 涨幅线以上，随后小幅回落，当日最终以 5.08% 的涨幅收出一根大阳线。

这一根大阳线接连上穿了四条均线，最终收盘价也落在了其上方，形成了蛟龙出海形态，发出了强烈的买入信号。

不过在此之后，股价就出现了回调整理，谨慎的投资者可以不急于入场。11 月中旬之后，股价再次收阳上涨，同样是以一根大阳线突破了均线组合。虽然股价并没有同时上穿四条均线，无法构成蛟龙出海形态，但类似于蛟龙出海的走势依旧发出了积极的买入信号。并且均线在股价继续上涨之后就逐步向上转向并发散，上涨行情确定，此时，谨慎的投资者也可以积极买进了。

2.3 MA 指标的特殊卖出形态

均线的特殊卖出形态同样是投资者需要掌握并熟练应用的均线技术分析方法之一。与买入形态一样，均线的卖出形态也需要用到 3 条以上均线构成的均线组合，因为使用这个均线组合会实现更加高效准确的判断。

2.3.1 死亡谷

死亡谷指的是股价经过一段时间的上涨或高位整理后，均线组合中的短期均线由上往下穿过中期均线，而中期均线在随后也由上往下穿过长期均线，从而形成了一个尖头朝下的不规则三角形，其示意图如图 2-26 所示。

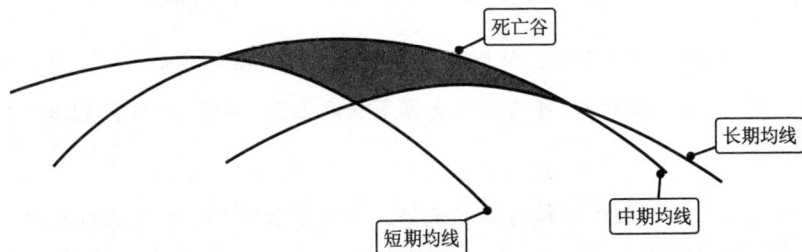

图 2-26　死亡谷的技术形态示意图

死亡谷的技术形态与金银山谷刚好是相反的，出现的位置也两相对应，即阶段顶部和行情顶部。在这些位置出现死亡谷，就意味着股价即将进入一段下跌行情，深度暂且无法探明。短线投资者此时应及时卖出，中长线投资者则可以根据其在行情中所处的位置，以决定是否卖出。

下面来看一个具体的案例。

实例分析

坚朗五金（002791）死亡谷卖点解析

图 2-27 所示为坚朗五金 2021 年 6 月到 10 月的 K 线图。

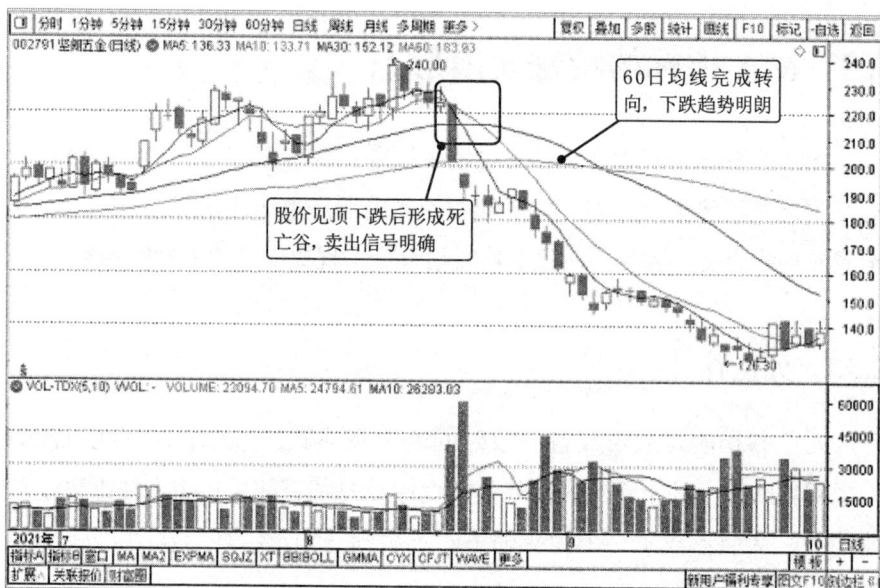

图 2-27　坚朗五金 2021 年 6 月到 10 月的 K 线图

从 K 线图中可以看到，坚朗五金正处于上涨行情的顶部。6 月到 7 月，股价都在 30 日均线和 60 日均线的支撑下稳定上涨，很快来到了 220.00 元价位线以上。

进入 8 月后，股价延续着上涨走势，很快创出了 240.00 元的最高价，但股价在次日就拐头下跌，再也无力创新高。

　　股价在下跌过程中，5 日均线和 10 日均线很快跟随下行并形成了交叉。由于股价下跌的速度过快，30 日均线也在数日后开始走平并向下转向，被 5 日均线和 10 日均线相继击穿，三条均线形成了死亡谷形态。

　　在股价从顶部滑落后形成死亡谷，意味着短时间内股价将有一段下跌。并且从前期下跌的速度来看，此次下跌幅度不小，甚至可能进入新的行情之中，因此投资者要尽早卖出。

　　从后续的走势可以看到，股价果然开始了长时间的快速下跌。60 日均线逐渐走平，并于 8 月底完成了向下的转向，更加确定了下跌趋势，还未离场的投资者也要抓紧时间及时清仓出局。

2.3.2　空头排列

　　空头排列指的是股价在下跌过程中，带动均线出现了短期均线在下，中期均线及长期均线依次在上的一种排列形态，与股价呈同步下跌状态，其示意图如图 2-28 所示。

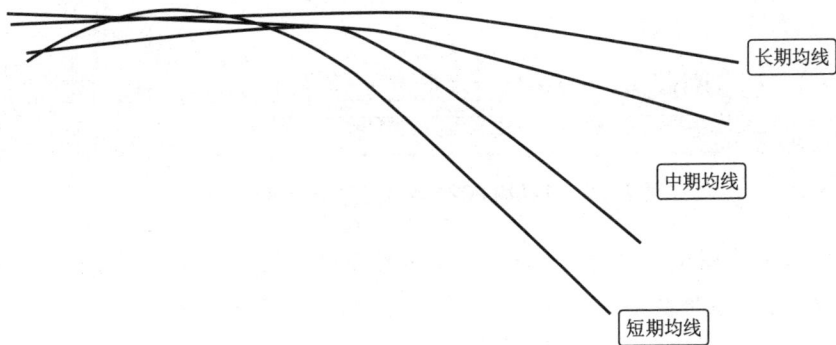

图 2-28　空头排列形态

　　在空头排列形成过程中，均线组合的压制作用将非常强劲，尤其是 30 日均线和 60 日均线，将长时间覆盖在股价与短期均线上方，维持下跌行情的稳定。

　　这样的走势无疑是非常消极的，只要股价没有产生有效反弹导致形态被破坏，投资者就不宜参与其中，场内被套盘的投资者也最好尽早卖出。

　　下面来看一个具体的案例。

实例分析

三棵树（603737）空头排列卖点解析

　　图2-29所示为三棵树2021年6月到10月的K线图。

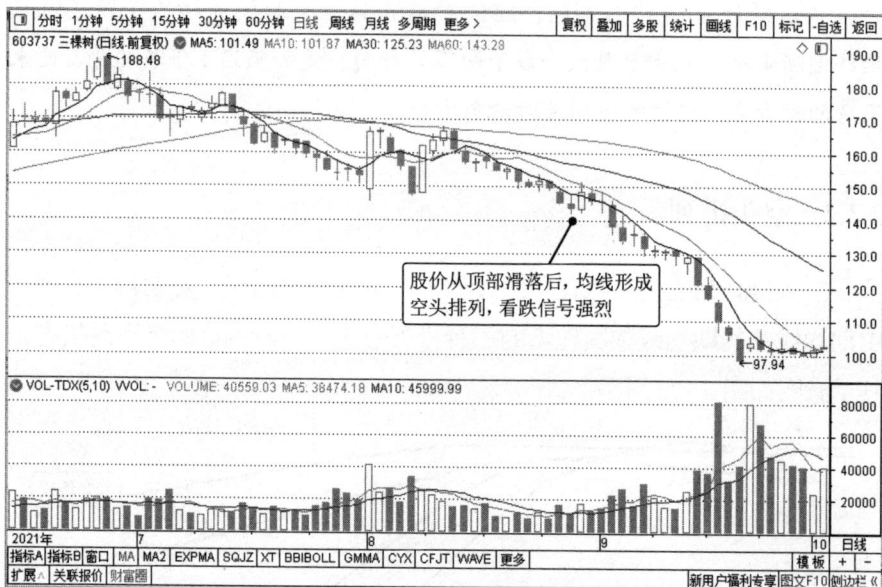

图2-29　三棵树2021年6月到10月的K线图

　　从K线图中可以看到，三棵树正处于下跌行情的初期。从均线的走势可以看出，股价在6月以前还保持着上涨，均线也呈上扬状态。

　　6月底，股价创出188.48元的新高后就拐头出现了下跌，导致5日均线和10日均线迅速转向，30日均线也逐步走平。到了7月中下旬，股价还在快速下跌，三条周期相对较短的均线已经全部完成了转向。

　　8月初，60日均线也拐头向下了，但由于股价形成了一次震荡反弹，5日均线和10日均线又一次形成了交叉。

8 月中旬，股价脱离震荡区域开始下跌，均线组合全部彻底向下发散开来并形成 5 日均线在下，10 日均线、30 日均线和 60 日均线依次覆盖在上的空头排列状态，发出了强烈的卖出预警。

在空头排列形成期间，股价几乎没有形成有效的反弹，均线组合的压制力非常强，短时间内股价的跌势还是比较确定的。场内投资者最好及时卖出，场外投资者则不宜参与。

2.3.3　断头铡刀

断头铡刀指的是当股价在高位盘整后开始逐步下滑，均线组合由前期的上扬转为走平并逐渐黏合在一起。此时出现一根阴线接连跌破均线组合，并在后续持续下跌，形成断头铡刀，其示意图如图 2-30 所示。

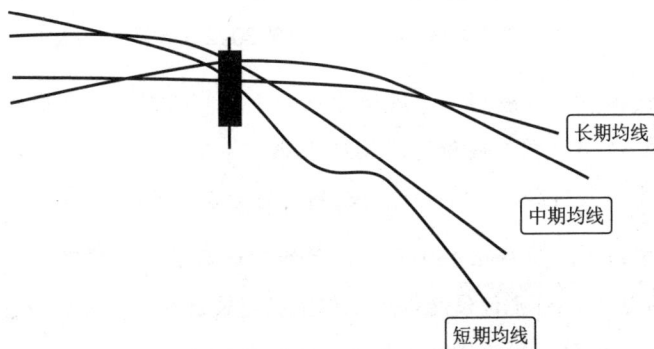

长期均线

中期均线

短期均线

图 2-30　断头铡刀形态

其实，大阴线只需要接连击穿三条均线，就可以视作断头铡刀形态成立了，只是这样的形态信号强度不如全部击穿的断头铡刀强，但依旧可以作为卖出信号使用。

下面来看一个具体的案例。

实例分析

春风动力（603129）断头铡刀卖点解析

图 2-31 所示为春风动力 2021 年 11 月到 2022 年 3 月的 K 线图。

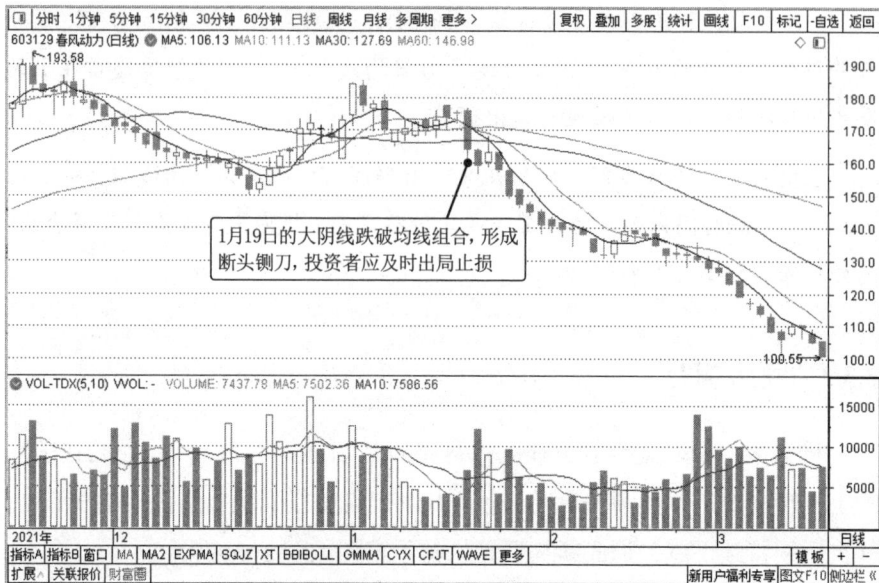

图 2-31　春风动力 2021 年 11 月到 2022 年 3 月的 K 线图

从 K 线图中可以看到，春风动力正处于阶段的顶部。从均线的走势可以发现，在 11 月之前，股价还在快速上涨，导致均线组合呈上扬状态。直到 11 月中旬，股价到达 193.58 元的新高，随后拐头下跌。

12 月中旬，股价跌至 150.00 元价位线附近后受到支撑开始反弹。很快股价就回到了 180.00 元价位线以上，但未能突破前期高点便出现了下跌，随后在 170.00 元价位线附近横盘，导致均线组合再度黏合在一起。

2022 年 1 月 19 日，股价高开后持续低走，盘中一度跌到 6.68% 跌幅线以下，但在临近尾盘时又出现了回升，最终以 6.36% 的跌幅收出一根大阴线，当日 K 线连续击穿了四条均线，形成断头铡刀形态。

结合前期的反弹不过高点的走势来看，股价很可能即将进入大幅下跌之中，场内的投资者在发现断头铡刀形态后最好在当日就完成出货，及时止损。

2.3.4　多头背离

多头背离指的是股价在见顶之后出现下跌，而中长期均线仍向上运行，二者的运行方向相反，表现为背离状态，其示意图如图 2-32 所示。

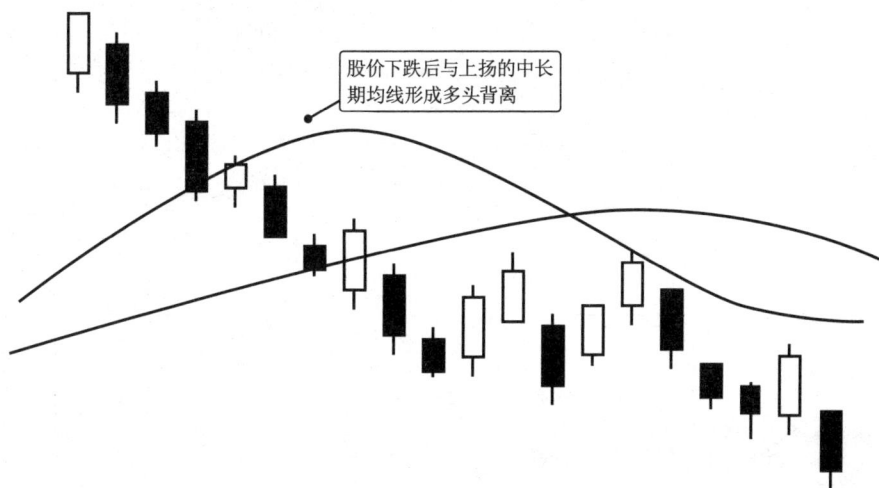

图 2-32　多头背离形态

　　多头背离形成的位置大多在行情顶部或是阶段顶部，并且中长期均线需要保持上行状态。当股价出现下跌后，中长期均线因其滞后性不会立刻受到影响，但随着时间的推移，股价与短期均线将会对其产生扭转，使其逐步向下转向。

　　多头背离形态发出的是一种提前预警的信号，实际上股价在与中长期均线发生背离后，可能会在其上方受到支撑而再次上涨，导致出局的投资者踏空后续行情。

　　因此，除了短线投资者可采取积极卖出的策略外，建议中长线投资者在接收到多头背离信号后保持警惕，不急于操作，待到股价彻底跌破中长期均线，或是有其他明显的看跌信号出现后，再决定何时卖出。

　　下面来看一个具体的案例。

实例分析
浙江鼎力（603338）多头背离卖点解析

　　图 2-33 所示为浙江鼎力 2020 年 12 月到 2021 年 5 月的 K 线图。

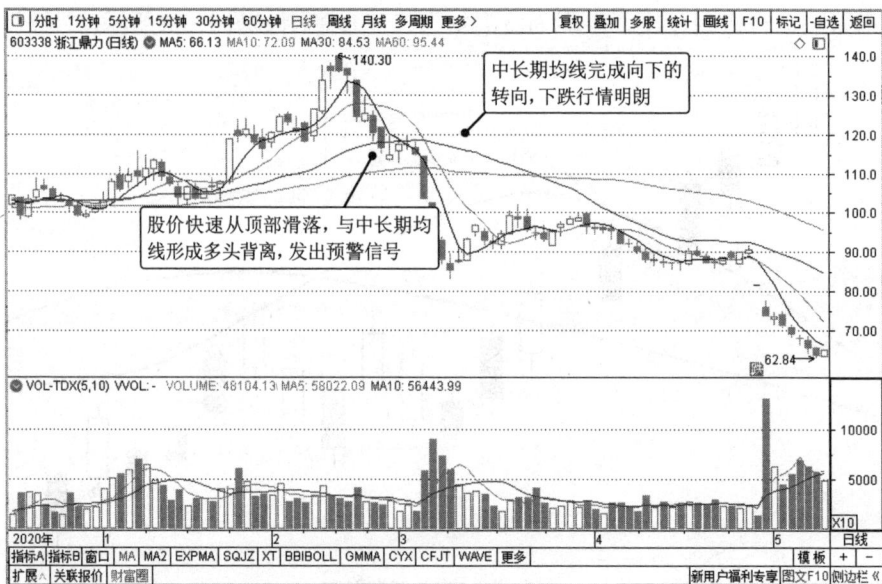

图 2-33　浙江鼎力 2020 年 12 月到 2021 年 5 月的 K 线图

从 K 线图中可以看到，浙江鼎力正处于上涨行情的顶部。2020 年 12 月到 2021 年 1 月上旬，股价还在高位进行横向震荡。

直到 1 月中旬之后，股价才再次开始上冲，最终于 2 月中旬创出 140.30 元的新高。股价从震荡转向上涨的过程中，均线组合也受其影响，从黏合转为了向上发散。

但股价在见顶的次日就出现了下跌，并且跌速还在加快，5 日均线和 10 日均线快速向下，但 30 日均线和 60 日均线还保持着上扬，只是上扬角度变缓，与股价形成了多头背离。

此时，警告信号已经发出，短线投资者在收到预警后就要立即卖出，保住收益，中长线投资者则可以再观望一段时间。

从后续的走势可以看到，股价在 120.00 元价位线下方止跌横盘了数日后，就开始了更为快速的下跌，迅速将 30 日均线和 60 日均线扭转向下，确定了下跌行情的出现。此时，还留在场内的投资者也要及时撤离了。

第3章

BBI指标帮助确认多空趋势

　　BBI指标也称为多空指标，与MA指标一样，都是均线型指标的一种。不过，BBI指标仅由一条平均线构成。这条平均线是混合了多条移动平均线进行计算的，既有短期移动平均线的灵敏特征，又有中期均线的趋势特征，在均线型指标中也是非常实用的一种，本章就将对其进行详细解析。

3.1 BBI 指标的多种功能

BBI 指标也被称为 BBI 线，是一种将不同时间周期的移动平均线加权平均后的综合指标，这里的移动平均线一般选用 3 日均线、6 日均线、12 日均线及 24 日均线。

和 MA 指标一样，BBI 指标也是叠加在 K 线图上，与 K 线走势结合使用的，如图 3-1 所示。

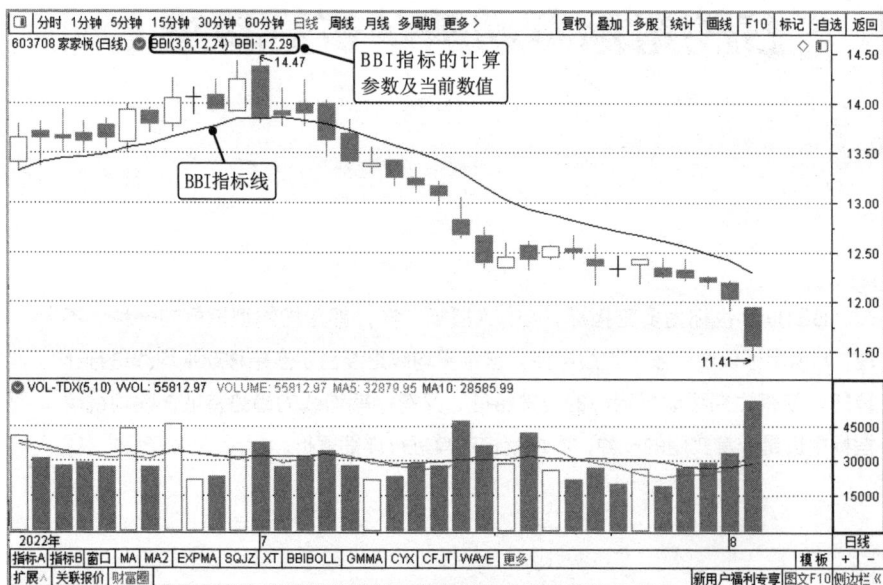

图 3-1　K 线图中的 BBI 指标

在 BBI 指标中，参与计算的近期数据较多，远期数据利用次数较少，因而是一种变相的加权计算。它可以综合不同时间周期的移动平均线的具体数值，进行比较平均的计算，进而得到一个更加具体和客观的数值，因此就算是单条使用，BBI 指标也能产生很好的研判效果。

BBI 指标的参数也是可以调整的，操作方法与 MA 指标相似，在 K 线图中右击 BBI 指标线，在弹出的快捷菜单中选择"调整指标参数"命令，在打开的"指标参数调整"对话框中即可调整 BBI 指标的时间周期参数了，如图 3-2 所示。

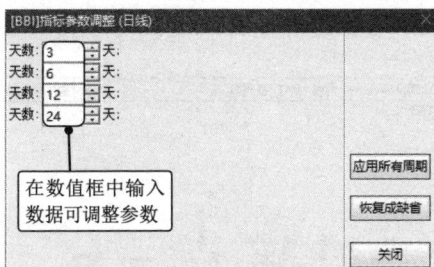

图 3-2　调整 BBI 指标的参数

短线投资者可以将时间周期调短一些，长线投资者则可以将时间周期调长，这完全取决于投资者自身的操作策略需求。

作为均线型指标，BBI 指标也具有许多与 MA 指标相似的功能，但因其计算方式及单条使用的特殊情况，其特色功能会有所区别，下面就来逐一介绍。

3.1.1　指标对股价的支撑与压制

BBI 指标是在移动平均线的基础上计算出来的，指标线对股价具有支撑和压制作用，还有助涨与助跌功能。

不过，相较于多条均线构成的 MA 均线组合来说，单条的 BBI 指标线与股价更加贴合，判断也更加简单。

在使用 BBI 指标时，投资者不必考虑短期均线和长期均线的先后信号区别，只要股价跌至 BBI 指标线以下，那么短时间内指标线都会将助跌功能与压制作用发挥出来，股价上涨突破 BBI 指标线时则相反。

这样一来，投资者就可以借助这一特性判断股价的涨跌，进而把握买卖时机。

下面来看一个具体的案例。

实例分析

友讯达（300514）BBI 指标对股价的支撑与压制作用分析

图 3-3 所示为友讯达 2021 年 9 月到 2022 年 1 月的 K 线图。

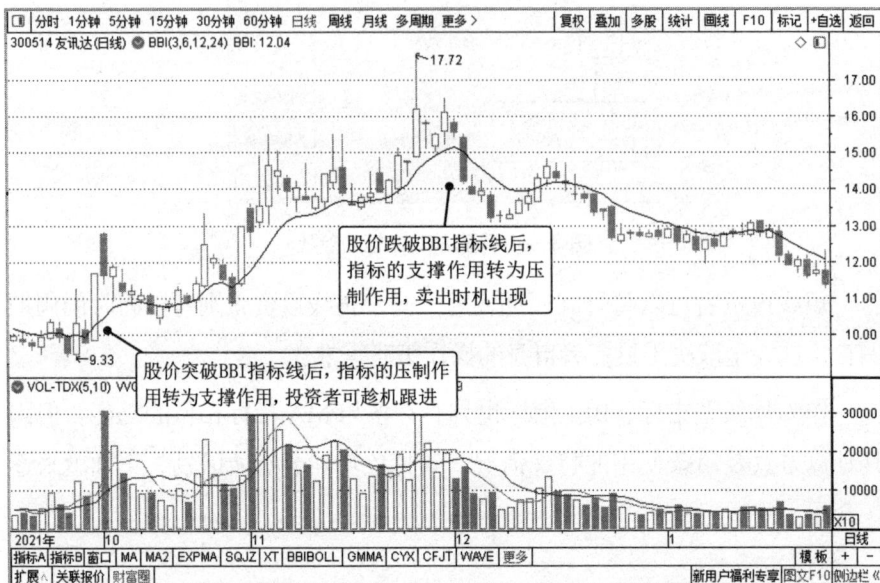

图 3-3　友讯达 2021 年 9 月到 2022 年 1 月的 K 线图

从 K 线图中可以看到，友讯达正处于阶段顶部的转势过程中。在 2021 年 9 月期间，股价还在相对低位横向盘整，运行在 BBI 指标线以下，BBI 指标线对股价起到了压制作用。

9 月底到 10 月初，股价开始在成交量的放量推动下上涨，在反复上探 BBI 指标线后，最终于 10 月初成功突破，运行到其上方站稳。此时，BBI 指标线的压制作用转为了支撑作用，投资者可趁机跟进。

在后续近两个月的上涨过程中，股价的涨势并不稳定，多次震荡并回踩 BBI 指标线。但 BBI 指标线都给予了足够的支撑力，虽然期间也受股价的震荡而产生了一定波动，但整体趋势还是向上的，投资者不必急于离场。

11 月底，股价在不断攀升中创出了 17.72 元的新高，随后小幅回落，在

BBI 指标线的支撑下横盘了数日，但最终还是在成交量缩减的影响下失去上涨动力拐头下跌。

股价此次的下跌直接跌破了 BBI 指标线，运行到其下方后不久还形成了一次反弹，但未能成功回到其上方。这意味着 BBI 指标线的支撑作用又转为了压制作用，投资者如果没有及时在跌破的位置卖出，就要抓住反弹的顶部择机出局。

3.1.2　持股成本的近似代替

由于 BBI 指标是由多条移动平均线计算而成的，因此，它也可以作为计算周期内市场平均持股成本的近似代替。

也就是说，如果 BBI 指标的计算参数为 3 日均线、6 日均线、12 日均线及 24 日均线，那么这条指标线就可以近似代替持股周期在 24 个交易日内的所有投资者的成本。

比起需要逐一分析观察每条均线的 MA 指标来说，BBI 指标无疑方便了许多，投资者在使用时也能更快捷地判断出市场成本与现价之间的关联和波动，进而决定何时进行买卖。

下面来看一个具体的案例。

实例分析
平潭发展（000592）BBI 指标对持股成本的近似代替分析

图 3-4 所示为平潭发展 2021 年 4 月到 7 月的 K 线图。

从 K 线图中可以看到，平潭发展正处于一段涨跌周期中。在 4 月期间，股价长时间在 BBI 指标线下方横向运行，说明当前时期股票的现价低于市场平均持股成本，大部分投资者处于亏损状态，成交量相对冷淡。

直到 4 月底 5 月初，成交量开始大幅放量，股价迅速上涨并突破 BBI 指标线，在其上方站稳后继续攀升。

这意味着投资者开始积极看好该股，大量资金涌入场内，导致现价不断上涨。尽管市场平均持股成本也在上涨，但依旧低于现有价格，大部分投资者都有了盈利，此时是追涨的好时机。

到了 5 月下旬，股价在 4.00 元价位线附近受到了阻碍滞涨横盘，在创出4.15 元的新高后冲高回落，随后便开始了快速的下跌，直至跌破 BBI 指标线，运行到其下方。

这说明市场看多的动能已经消耗殆尽，买盘资金量减少，股价难以维持上涨。现价下滑的同时，持股成本也在下降，最终导致现价低于成本，市场出现亏损，投资者需尽快卖出。

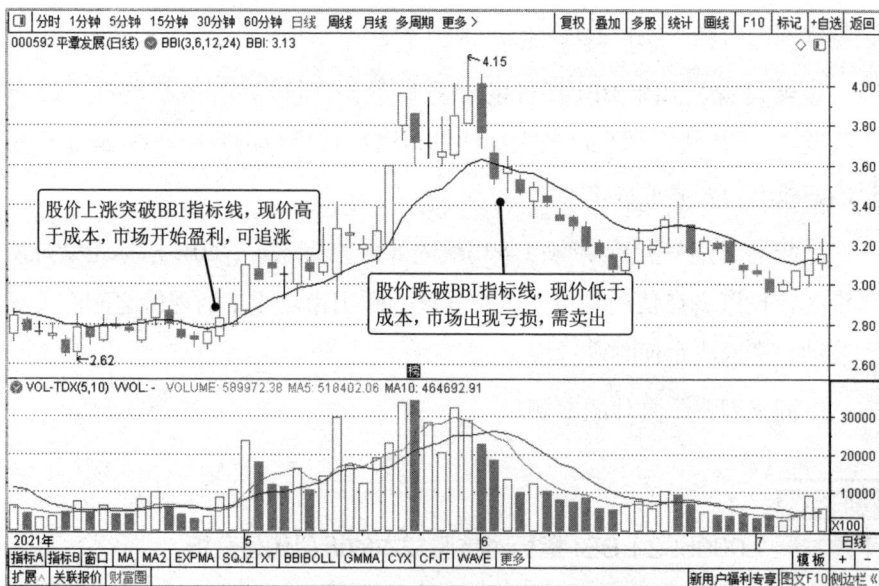

图 3-4　平潭发展 2021 年 4 月到 7 月的 K 线图

3.1.3　趋势的多空分界线

BBI 指标线也可以作为趋势的多空分界线来使用。计算时间周期较短的 BBI 指标线，比如 3 日均线、6 日均线、12 日均线及 24 日均线，反映的就是短期的多空趋势变换，可以作为短线投资者的参考。

而计算时间周期较长的 BBI 指标线，比如 20 日均线、30 日均线、60 日均线及 90 日均线，反映的则是中长期的多空趋势变换，中长线投资者可将其作为市场强弱转化的参考。

当趋势处于多头时，只要股价没有彻底跌破 BBI 指标线的趋势，投资者就可以积极做多。相反，当趋势转向空头时，股价如果无法有效突破BBI 指标线，那么及时做空就很有必要了。

下面来看一个具体的案例。

实例分析

龙洲股份（002682）BBI 指标线对多空趋势的划分

图 3-5 所示为龙洲股份 2021 年 10 月到 2022 年 2 月的 K 线图。

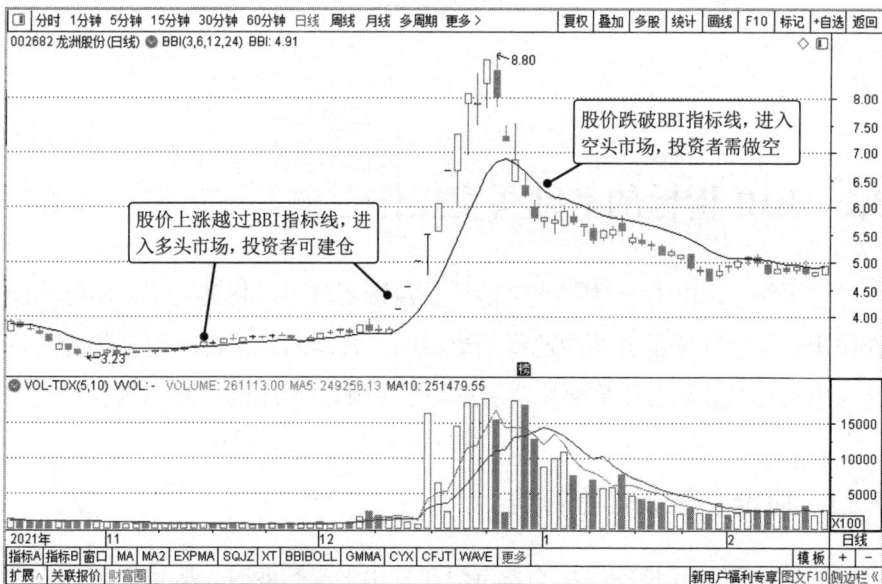

图 3-5　龙洲股份 2021 年 10 月到 2022 年 2 月的 K 线图

从 K 线图中可以看到，龙洲股份正处于多空趋势转变的过程中。在

2021 年 10 月期间，股价还在缓慢下跌，整体位于 BBI 指标线以下，市场处于空头状态。

进入 11 月后，股价开始逐步上涨，慢慢靠近 BBI 指标线。股价于 11 月中旬成功突破 BBI 指标线，代表市场转向了多头。在后续的走势中，股价也长时间紧贴着 BBI 指标线运行，涨势虽慢但稳定，投资者可择机建仓。

12 月上旬开始，股价突然急速上涨，连续拉出数个一字涨停。极快的涨速导致股价与 BBI 指标线拉开了距离，意味着现价已经大幅超越了平均成本，多头趋势正在积极发展，市场盈利急剧增长，此时则是投资者追涨的绝佳时机。

此轮快速的上涨直到 12 月底才进入尾声，股价在 8.00 元价位线附近滞涨并创出 8.80 元的新高后，次日就出现了急速下跌。

在后续的交易日内，股价很快跌破了 BBI 指标线的支撑，市场向着空头转变，现价快速下滑，已经低于平均成本，市场愈发弱势，投资者需尽快出局。

3.2　BBI 指标的基础买卖操作

在了解了 BBI 指标的几大功能后，投资者就可以将其运用到实际的操作中来。尽管在功能介绍中已经简单说明了几项基本用法，但其中的一些注意事项和具体细节还需要投资者进一步了解，下面就来逐一进行分析。

3.2.1　股价上穿 BBI 指标线

股价上穿 BBI 指标线指的是市场在发生多空转变时，股价上涨并成功突破 BBI 指标线的走势。

一般来说，股价上穿 BBI 指标线传递的都是明确的买入信号，也是后市进入上涨的预示。但在有些时候，股价可能会出现假突破，也就是短暂到达 BBI 指标线上方后又迅速回落，再次下跌。

那么，投资者该如何避免这类假突破呢？其实有一个很简单的方法，即观察股价的回踩。

一般情况下，股价在对重要压力线产生突破后，都会有一个比较明显的回踩动作，这是市场确定下方支撑力的行为，如图 3-6 所示。

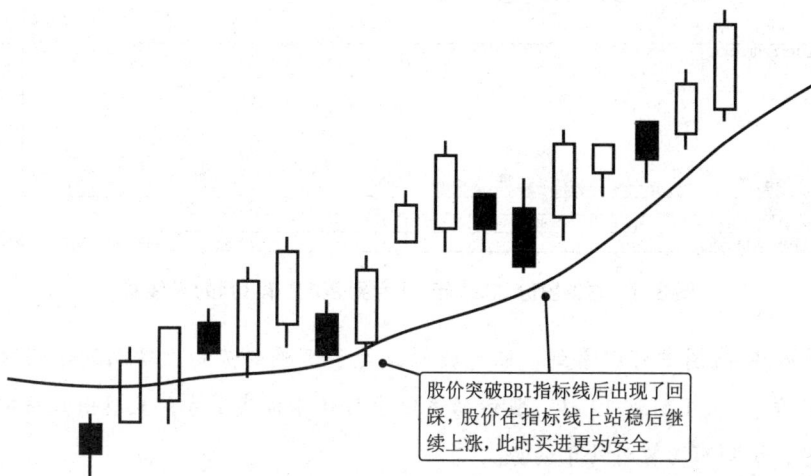

股价突破BBI指标线后出现了回踩，股价在指标线上站稳后继续上涨，此时买进更为安全

图 3-6　股价突破 BBI 指标线后回踩

只要股价在回踩时受到了 BBI 指标线的支撑，那么后市将有很大概率继续上涨，投资者此时买进就比较安全了。

当然，有时候股价也不会回踩而是直接出现上涨，这也说明了市场看多的决心，股价涨势强劲，投资者更要抓住机会建仓。

下面来看一个具体的案例。

实例分析

联德股份（605060）股价突破 BBI 指标线的买点分析

图 3-7 所示为联德股份 2021 年 11 月到 2022 年 3 月的 K 线图。

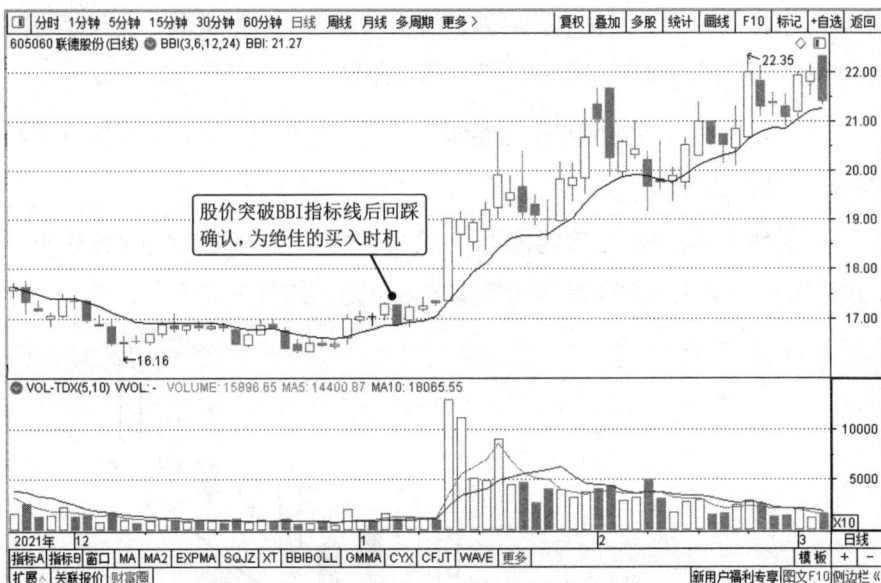

图 3-7　联德股份 2021 年 11 月到 2022 年 3 月的 K 线图

从 K 线图中可以看到，联德股份正处于下跌趋势向上转向的过程中。2021 年 11 月下旬到 12 月，股价始终位于 BBI 指标线下方，呈现出被压制的状态，说明市场暂时处于弱势。

直到 12 月底时，成交量突兀放大，推动该股收出一根实体较大的阳线，股价也成功突破 BBI 指标线。在随后数日的时间内，该股小幅回踩，在接触到 BBI 指标线后受到了支撑，证明市场转向多头的决心坚定，投资者可在股价向下靠近 BBI 指标线的位置积极建仓。

很快，股价在回踩受到支撑后便开始了再次的上涨。这一波上涨伴随着成交量的集中大幅放量，股价直接以涨停起步，迅速向上攀升，反映出市场此时的强势状态，还未入场的投资者此时也要抓紧时间买入了。

从后续的走势也可以看到，股价多次回调靠近了 BBI 指标线，但都没有实现有效跌破，反而整体在指标线的支撑下越涨越高，反映出涨势的强劲。因此，投资者可将这些低位作为入场点和补仓点，适当追涨。

3.2.2 股价跌破 BBI 指标线

股价跌破 BBI 指标线指的是市场在发生多空转变时，股价下跌并直接击穿 BBI 指标线的走势。

与股价上穿 BBI 指标线类似，当股价跌破 BBI 指标线时，投资者同样需要依靠回抽来判断跌破是否有效。这里的回抽指的是股价在跌到 BBI 指标线下方后出现反弹，上涨到靠近指标线的位置并确认上方压力的过程，其示意图如图 3-8 所示。

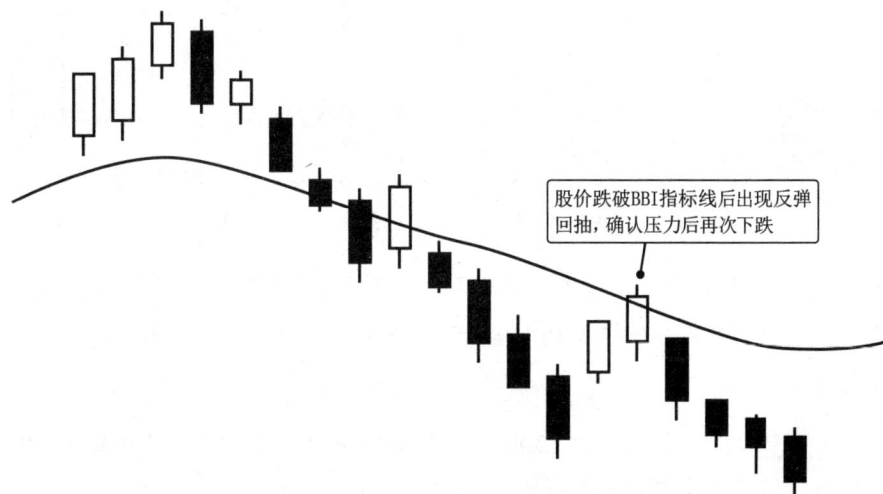

图 3-8　股价跌破 BBI 指标线后回抽

当股价回抽完成，并且受压再次下跌时，就意味着股价彻底进入了空头市场，回抽的高点成了一个出货点，投资者最好抓紧时间择高出局，及时止损。

下面来看一个具体的案例。

实例分析

中京电子（002579）股价跌破 BBI 指标线的卖点分析

图 3-9 所示为中京电子 2021 年 7 月到 10 月的 K 线图。

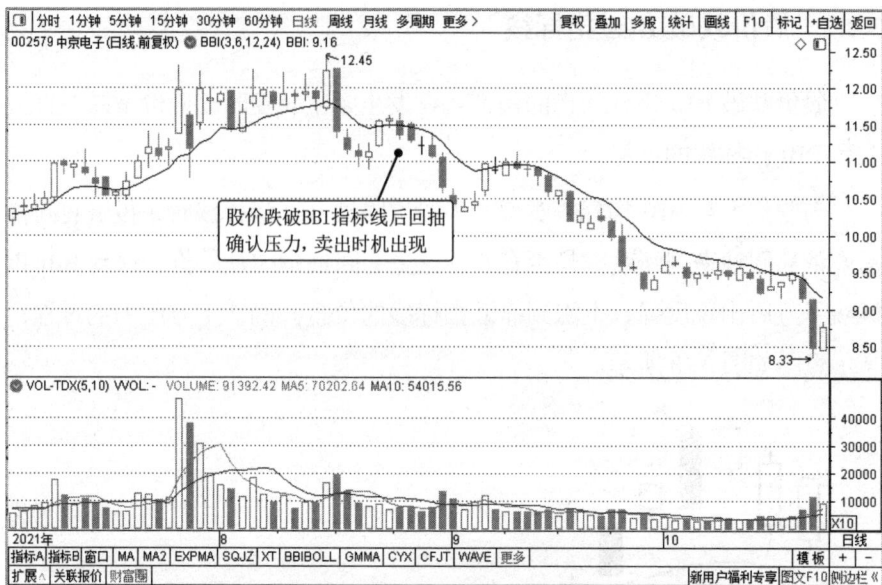

图 3-9 中京电子 2021 年 7 月到 10 月的 K 线图

从 K 线图中可以看到，中京电子正处于上涨趋势向下转向的过程中。在 7 月期间，股价还维持在 BBI 指标线以上运行，受到指标线的支撑，整体趋势向上。

8 月中旬，股价在创出 12.45 元的新高后快速下滑，次日就跌破了 BBI 指标线，后续更是滑到了指标线以下。

数日后，股价在 11.00 元价位线附近受到支撑止跌，随后出现了一波反弹，但此次反弹的幅度不大，股价在上涨至 BBI 指标线附近后就受压回落了。这意味着 BBI 指标线的压制作用已经发挥，市场中的抛压较重，股价重新回到了下跌之中。

这次反弹无疑是股价跌破 BBI 指标线后的回抽确认。在突破失败后，投资者就应该认清当前形势，判断出后市看跌的信号，进而在合适的高位尽早卖出，以期止损。

3.2.3　BBI 指标运行在股价以下

BBI 指标运行在股价以下是指 BBI 指标线被突破后，承托在股价下方，对其产生支撑作用的表现，其示意图如图 3-10 所示。

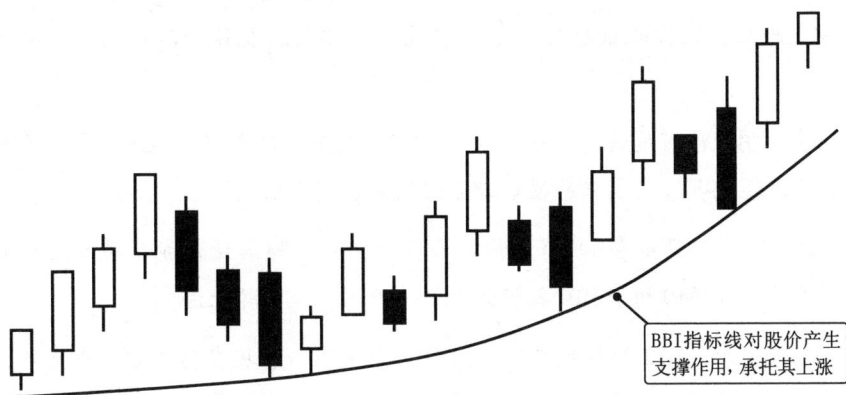

BBI指标线对股价产生
支撑作用，承托其上涨

图 3-10　BBI 指标运行在股价以下

BBI 指标线在承托股价上涨的过程中，只要股价没有彻底跌破指标线的迹象，即便出现再多的震荡，或是如逐浪上升那样的波浪式涨跌，整段行情的上涨趋势都是比较确定的。

因此，在此期间投资者就可以大胆在股价靠近 BBI 指标线的位置建仓或是适当加仓，逐步将整段涨幅收入囊中。但同时还需要注意顶部的到来，一旦股价出现跌破指标线并一去不返的迹象，就要立刻出局，保住收益。

下面来看一个具体的案例。

实例分析

长城军工（601606）BBI 指标运行在股价以下分析

图 3-11 所示为长城军工 2020 年 3 月到 9 月的 K 线图。

从 K 线图中可以看到，长城军工正处于上涨行情之中。在 4 月初时，股价自下而上突破了 BBI 指标线，随后在其上方运行。

在长达一个多月的上涨过程中，股价多次出现回调下跌的走势，但都在

BBI 指标线上受到支撑，涨势并未停滞。基于股价的积极走势，投资者完全可以在股价向下靠近 BBI 指标线时积极买进，追涨入场。

5 月中旬，股价上涨至 14.00 元价位线附近，随后受到上方的压制形成回落。但此次下跌并未在 BBI 指标线上受到有力支撑，而是出现了跌破的走势。并且在股价跌破指标线后，形成的反弹也没能带动其再回到指标线上方。

这说明股价可能进入了一段深度回调，或是下跌走势。此时，无法准确判断后市还能否继续上涨的投资者最好及时在高点出局。

6 月下旬，股价在 11.00 元价位线附近止跌，随后便形成了跳空收阳的积极走势，成功回到了 BBI 指标线上方，开始了又一轮上涨。

在此之后，BBI 指标线再次对股价形成支撑，承托在其下方同步上行，持续发挥支撑作用。前期离场的投资者在发现股价回到 BBI 指标线上方后，就可以重新入场，持股待涨。

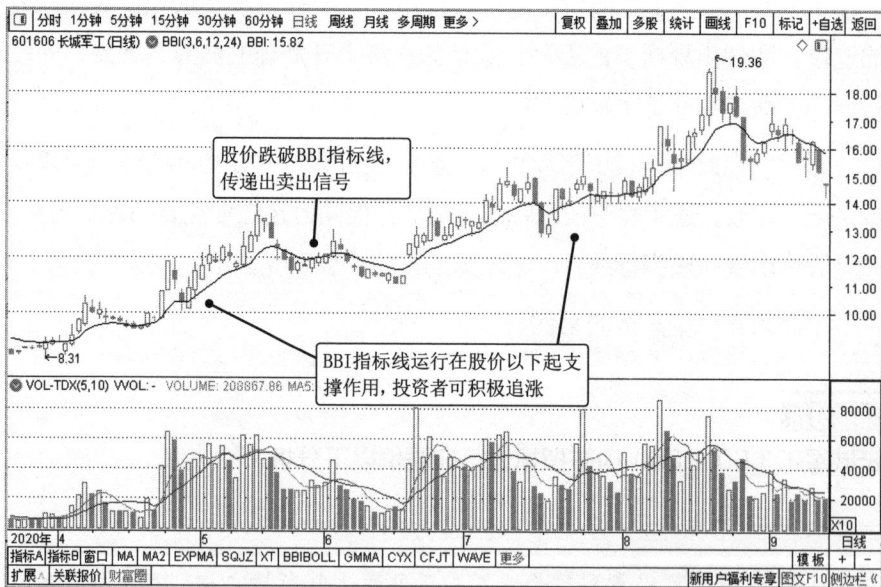

图 3-11 长城军工 2020 年 3 月到 9 月的 K 线图

3.2.4　BBI 指标运行在股价以上

BBI 指标运行在股价以上是指 BBI 指标线被跌破后，覆盖在股价上方，对其产生压制作用的表现，其示意图如图 3-12 所示。

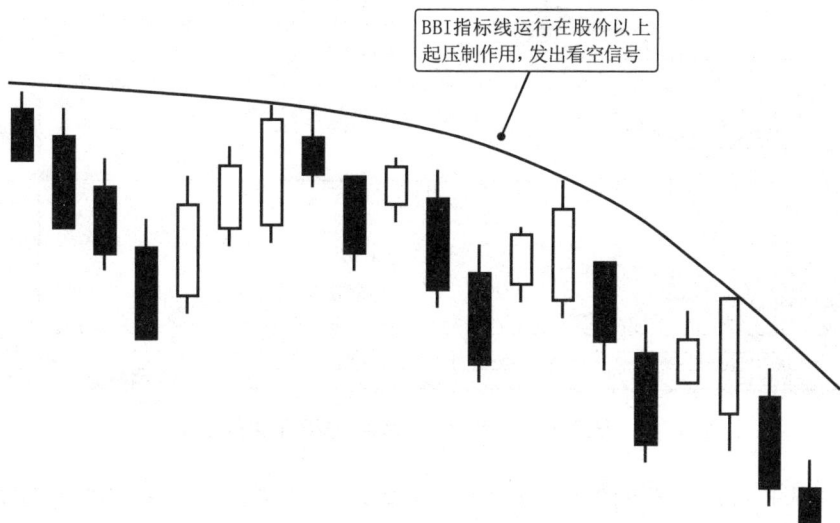

图 3-12　BBI 指标运行在股价以上

当股价跌至 BBI 指标线以下，并持续向下滑落时，BBI 指标线将产生较为强劲的压制力，普通的反弹很难将其彻底冲破，股价的跌势在短时间内难以逆转。

因此，投资者可将反弹高点作为止损的出货点，并且最好尽早撤离，场外投资者也尽量不要参与。

下面来看一个具体的案例。

实例分析

日盈电子（603286）BBI 指标运行在股价以上分析

图 3-13 所示为日盈电子 2021 年 11 月到 2022 年 4 月的 K 线图。

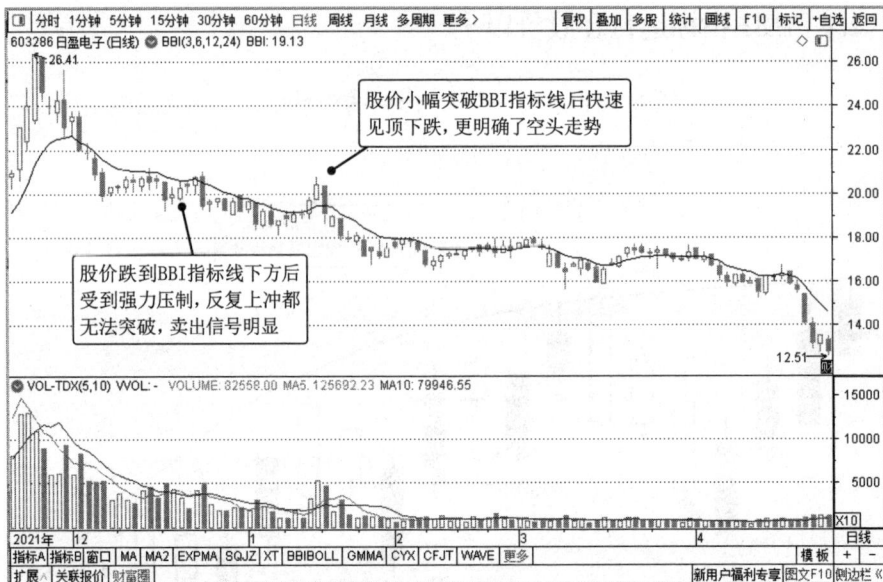

图 3-13　日盈电子 2021 年 11 月到 2022 年 4 月的 K 线图

从 K 线图中可以看到，日盈电子正处于下跌行情之中。在 2021 年 11 月期间，股价还维持着上涨，不过很快就在 11 月底到达 26.41 元的最高价，随后拐头下跌。

12 月上旬，股价很快跌破了 BBI 指标线并运行到其下方，随后很长一段时间内，股价都未能再有突破。

12 月期间，在股价反复的反弹上冲过程中，BBI 指标线充分展现了其强劲的压制作用，股价始终未能在震荡中突破指标线，跌势确定，卖出信号明确。

2022 年 1 月中上旬，股价再次上冲。此次上攻伴随着成交量的小幅放量支撑，股价终于突破了 BBI 指标线，但最终没有在其上方停留太久，数日后便出现了再次的快速下跌，回到指标线下方。

无效突破的反弹更加确定了下跌走势的持续，还抱有惜售心理的投资者不能再等，及时卖出是较好的选择。

3.3　BBI 指标与 K 线形态结合

BBI 指标线与 K 线形态的结合主要体现在筑顶形态与筑底形态上，比如 V 形顶、双重底等。

这些形态的构筑时间较长，BBI 指标线如果使用默认计算周期的话，与股价的贴合度还是比较高的，会跟随 K 线同步形成顶、底形态。当二者的形态同时构筑完成时，将传递出非常强烈的买卖信号，对投资者的操作非常有帮助。

3.3.1　V 形底的买入形态

V 形底指的是股价在经历了长期下跌后，在某一时刻跌速突然加快，加速探底后又触底回升，快速被推高，全程几乎在底部没有停留，形成一个尖锐的底部。

从股价开始加速下跌的位置作一条水平线，就形成了 V 形底的关键压力线，也被称为颈线，其示意图如图 3-14 所示。

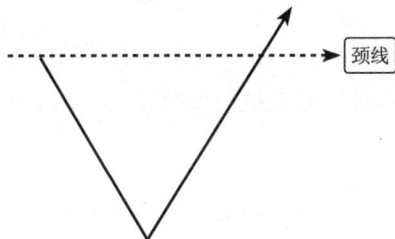

图 3-14　V 形底形态

在 K 线构筑 V 形底的过程中，BBI 指标线也会同步形成一个 V 形底，它同样具有颈线。当 K 线的 V 形底与 BBI 指标线 V 形底的颈线都被相应突破时，宣告各自的 V 形底形态成立，颈线被突破的位置就是很好的买点。

下面来看一个具体的案例。

实例分析

宇通重工（600817）BBI 指标与股价的 V 形底分析

图 3-15 所示为宇通重工 2018 年 8 月到 12 月的 K 线图。

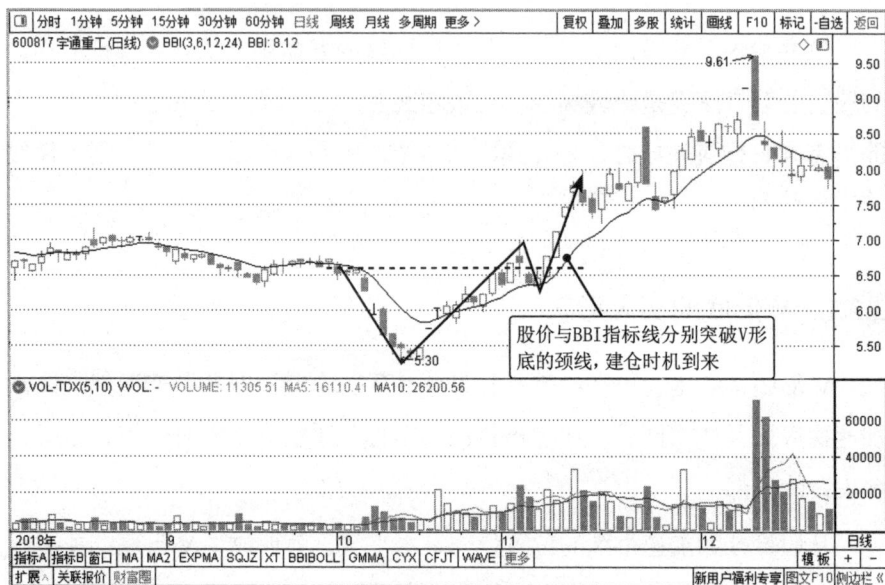

图 3-15　宇通重工 2018 年 8 月到 12 月的 K 线图

从 K 线图中可以看到，宇通重工正处于下跌行情转势的位置。8 月到 9 月，股价还在 6.50 元到 7.00 元进行窄幅震荡，BBI 指标线跟随波动，与股价纠缠在一起。

10 月初，股价突然大幅收阴加速下跌，很快来到了 5.50 元价位线以下，并与 BBI 指标线拉开了距离，运行到指标线以下。10 月中旬，股价创出 5.30 元的新低，随后迅速回升。

此时，K 线和 BBI 指标线的 V 形底雏形已经出现，股价开始加速下跌的位置就是形态的颈线，即 6.50 元价位线，BBI 指标线的颈线则是在更高一点的近似位置。待到股价和 BBI 指标线分别突破各自的颈线时，对应的 V 形底形态就成立了。

从后续的走势可以看到，11 月初，股价成功突破了 6.50 元价位线的压制，并在后续的交易日进行了回踩确认，激进的投资者可适当买进。股价在 BBI 指标线上受到支撑后再次上扬，BBI 指标线同步上行后也突破了自己的颈线，BBI 指标的 V 形底形态成立，更加确定了买点的出现。

此时，股价正处于 7.00 元左右的位置，并且股价还在积极收阳上涨，后市大概率是看好的，投资者可积极在此建仓。

3.3.2　双重底的买入形态

双重底同样是股价在行情底部形成的买入形态，具体指的是股价在下跌过程中遇到支撑线后回升，在某压力位受到阻碍下跌，第二次止跌的低点与前期相当，随后股价再次上扬，越过压力位后就形成了双重底，其示意图如图 3-16 所示。

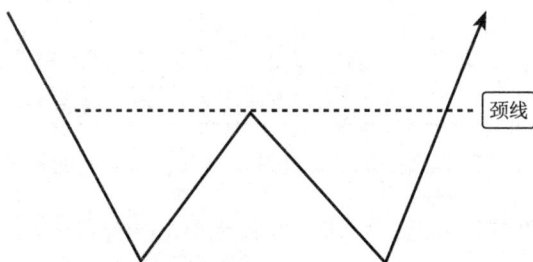

图 3-16　双重底形态

双重底比较类似于两个 V 形底共同形成的，以中间回升的高点为基准，延伸出的水平线就是形态的颈线。BBI 指标线也一样，形成的双重底同样具有颈线。当二者的颈线分别被突破，绝佳的卖点就出现了。

不过需要注意一点，双重底的两个低点之间的距离最好在一个月以上，这样形成的形态才更具有说服力，信号也更可靠。

下面来看一个具体的案例。

实例分析

顺灏股份（002565）BBI 指标与股价的双重底分析

图 3-17 所示为顺灏股份 2018 年 8 月到 2019 年 1 月的 K 线图。

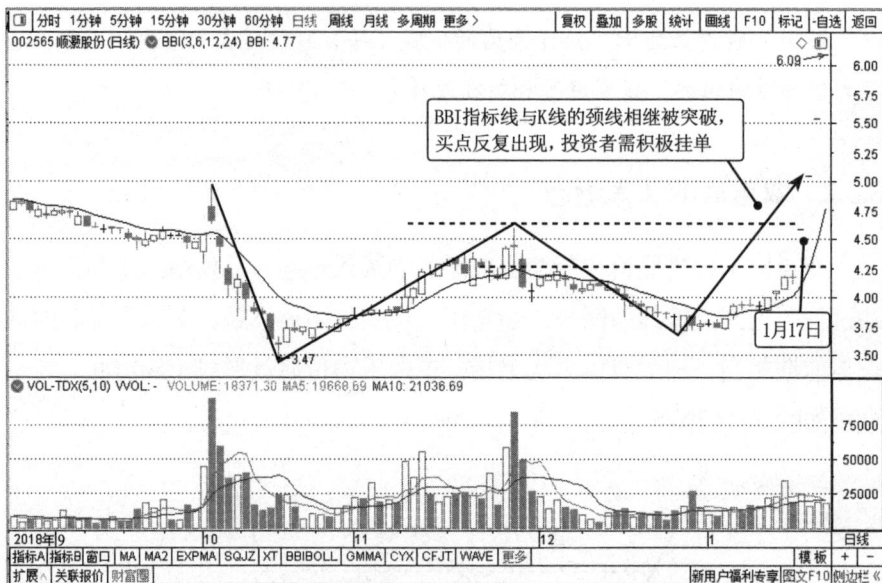

图 3-17　顺灏股份 2018 年 8 月到 2019 年 1 月的 K 线图

从 K 线图中可以看到，顺灏股份正处于下跌行情的底部。2018 年 8 月到 9 月，股价还在缓慢下跌，整体处于 BBI 指标线以下。9 月底，股价突然上冲后快速回落，加速探底到最低的 3.47 元才止跌，BBI 指标线也跟随下行。

股价在 3.50 元价位线附近止跌后便出现了逐步的回升，最终于 11 月底来到了 4.50 元价位线附近，在小幅突破该价位线后再次拐头下跌。BBI 指标线受其影响出现了同步的波动。

股价第二次的下跌在 3.75 元价位线附近受到了支撑，与前期低点的位置相差不大，BBI 指标线的低点更是与前期低点相当。股价在 3.75 元价位线附近横盘数日后，便开始了再次的上涨。

此时，K 线和 BBI 指标线的双重底雏形已经形成，K 线的颈线在 4.50 元上方，BBI 指标线的颈线在 4.25 元价位线附近。

2019 年 1 月后，股价涨速逐渐加快。BBI 指标线的颈线最先被突破，此时股价还在上涨，投资者可积极建仓。1 月 17 日，该股突然收出了一根一字涨停线，随后接连涨停，涨速被拉到了极致，迅速突破了 K 线的颈线，K 线双重底形态成立。

底部形态的成立再加上连续的一字涨停，证明股价的上涨潜力极大。尽管在一字涨停期间很难成功买进，投资者也要积极尝试，尽量在开盘后的第一时间挂上买单，以期早日成交。

3.3.3　头肩底的买入形态

头肩底的构筑过程与双重底比较相似，不过头肩底有三个波谷和两个波峰，仿佛头部和左、右两边的肩膀一般，其示意图如图 3-18 所示。

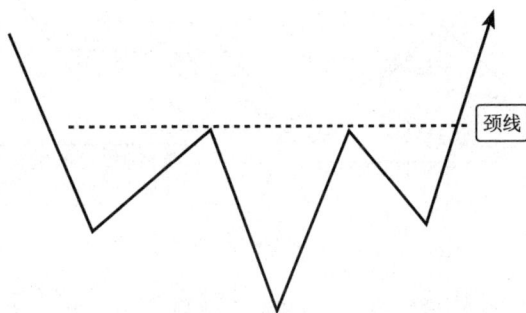

颈线

图 3-18　头肩底形态

头肩底的颈线是由两个波峰高点连接后延伸形成的，并且不像 V 形底和双重底那样一定是一条水平线，它的颈线可能是斜向上的，也可能是斜向下的，主要取决于两个波峰的位置。BBI 指标线的头肩底也是一样的，颈线可斜可平。

一般来说，头肩底在构筑时一般需要持续数月时间，才能保证形态的可靠性。不过，激进的投资者不一定要等到 K 线或是 BBI 指标线突破颈线后再买进，当形态比较清晰时，第三个波谷形成后投资者就可以大胆买进了。

当然，这样做的风险相对来说要大一些，但收益空间也会相应地扩大，投资者可根据自身风险承受能力来决定是否提前买进。

下面来看一个具体的案例。

实例分析

新泉股份（603179）BBI 指标与股价的头肩底分析

图 3-19 所示为新泉股份 2019 年 4 月到 2020 年 1 月的 K 线图。

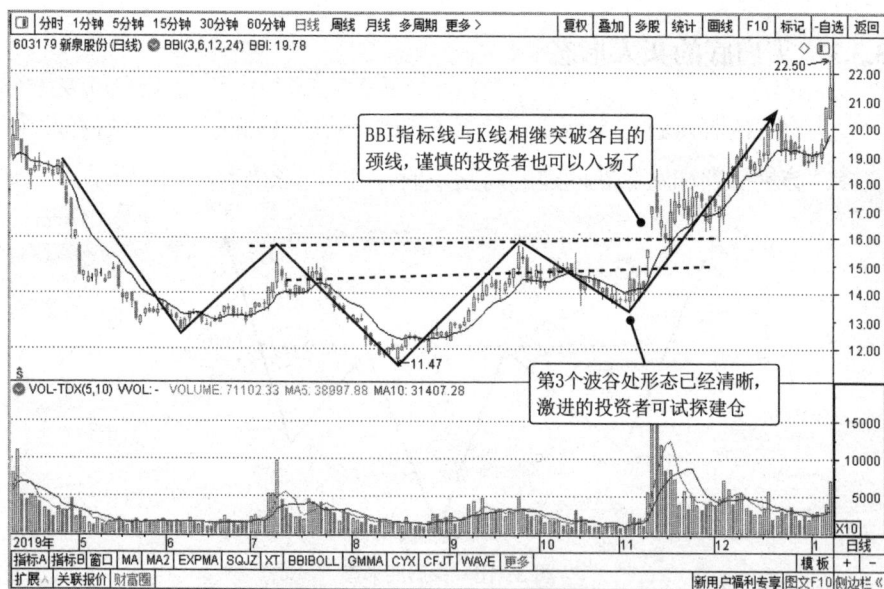

图 3-19　新泉股份 2019 年 4 月到 2020 年 1 月的 K 线图

从 K 线图中可以看到，新泉股份正处于下跌行情的底部。2019 年 4 月到 5 月，股价一直保持着下跌状态，直到 6 月初才在 13.00 元价位线附近受到支撑止跌横盘，随后开始缓慢上涨，形成了一个波谷。BBI 指标线也由下跌转为上扬，形成波谷。

7 月初，股价上涨至 16.00 元价位线下方，在受到该价位线的压制后小幅下滑，形成第一个波峰。股价在 14.00 元价位线附近震荡一段时间后加快了下跌速度，于 8 月中旬创出 11.47 元的新低。

其后，股价开始一波快速上涨，11.47 元的低点形成了第二个波谷。在此期间，BBI 指标线跟随股价波动，先后形成了对应的波峰与波谷。

9 月下旬，股价再次上涨到 16.00 元价位线附近，与前期高点处于相近的位置，随后拐头下跌，第二个波峰出现了，BBI 指标线也开始震荡下滑。

股价此次的下跌在 14.00 元价位线下方受到支撑，随后再次回升。此时，整个头肩底的肩部、头部及颈线已经全部出现，形态比较清晰，就差突破颈线的最后一步了，激进的投资者可以大胆买进试探。

11 月初，BBI 指标线在跟随股价上扬后首先突破了自己的颈线，传递出初步的买入信号。K 线紧跟其后也出现了对颈线的突破，并在后续进行了回踩确认，K 线头肩底彻底成立，买入信号非常强烈，还在观望的投资者也可以积极建仓了。

3.3.4　潜伏底的买入形态

潜伏底指的是股价在长期下跌的后期，整体保持在一个比较狭窄的价格区间内横向整理。K 线以小阳线与小阴线为主，几乎呈水平状态运行，在图形上形成了一条极为狭长的矩形形状，其示意图如图 3-20 所示。

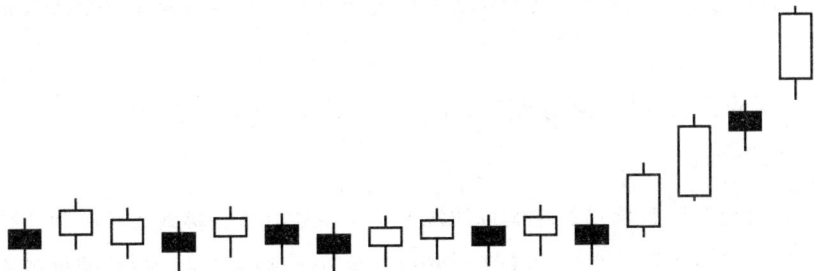

图 3-20　潜伏底的 K 线形态

潜伏底就没有颈线的概念了，潜伏过程中的高点连线就是其关键的压力线，其作用与颈线是一样的，都是判断股价是否出现有效突破的标准。BBI 指标线会同步与股价交缠在一起，其压力线基本和股价一致。

比起前面介绍的双重底、头肩底等形态来说，潜伏底的构筑时间往往是最长的，股价可能在低位盘整数月，全程股价波动幅度极小，BBI 指标线走平，成交量也没有亮眼的表现。

但正因如此，标准的潜伏底具有相当大的爆发力。这是因为长时间的低位盘整为主力提供了充分的吸筹空间和时间，一旦吸筹完毕股价开始拉升，很可能就是连续的上冲，甚至连续涨停并远离 BBI 指标线。

因此，投资者在发现潜伏底正在形成时，就要对其保持关注。当股价突破压力线并出现明显上涨迹象，BBI 指标线也出现拐头向上的走势时，就要积极跟进。

下面来看一个具体的案例。

实例分析

广宇发展（000537）BBI 指标与股价的潜伏底分析

图 3-21 所示为广宇发展 2021 年 4 月到 11 月的 K 线图。

从 K 线图中可以看到，广宇发展正处于下跌行情的底部。4 月到 7 月，股价长时间在低位窄幅波动，并呈现出缓慢的下滑状态。BBI 指标线在此期间一直与股价纠缠在一起，成交量也处于走平状态，整体形成了一个潜伏底的形态。

7 月中旬时，股价跌速稍微加快，于 8 月初达到了 4.26 元的最低价，随后小幅回升。

在此之后，股价仍然在低位保持走平，不过 BBI 指标线已经移动到股价下方了，呈现支撑作用，向投资者发出了股价上涨的暗示，但信号依旧不是很强烈。

在如此长的时间内，股价的波动幅度都非常小，潜伏底的形成还是比较明显的。投资者在注意到这一点后，可以对该股保持一定的关注，等待某一天的爆发。

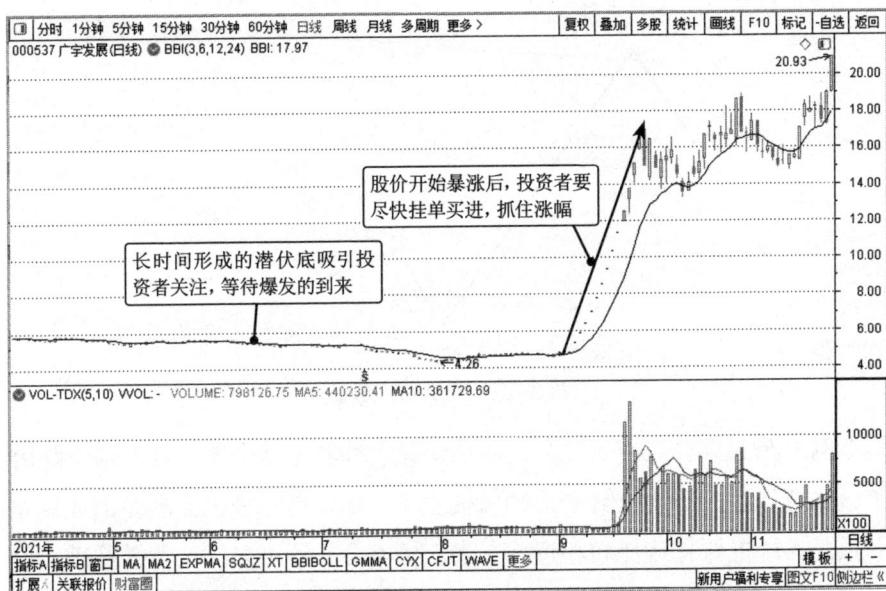

图 3-21　广宇发展 2021 年 4 月到 11 月的 K 线图

继续来看后面的走势，9 月上旬，股价突然毫无预兆地拉出了一个一字涨停，并且从当日开始，股价就开启了暴涨模式，带动 BBI 指标线快速拐头向上。

连续九个交易日，股价形成了九个一字涨停，并且在开板后还连续涨停了四个交易日，与 BBI 指标线的偏离越来越大。直到 9 月底，股价才停止暴涨，开始释放巨大的抛压。

仅仅 13 个交易日，股价就从 5.00 元价位线附近冲到了 16.00 元左右，这种爆发力无疑是非常惊人的。

对该股始终保持关注的投资者，在观察到股价涨停的第一时间就应该及早挂单买进。如果在一字涨停期间难以挤进，就只能抓住开板的时机追涨入场，等待后续的上涨。

3.3.5 倒 V 形顶的卖出形态

倒 V 形顶卖出形态属于 V 形底的翻转，是股价在快速上涨后冲高回落形成的，因其尖锐的顶部，也常被称为尖顶，其示意图如图 3-22 所示。

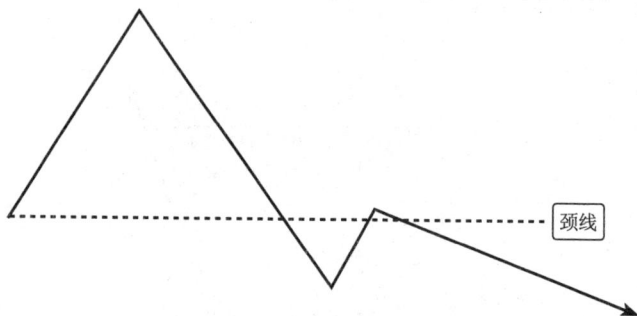

图 3-22 倒 V 形顶形态

倒 V 形顶同样具有颈线，是股价快速上冲的起始位置，当价格下跌击穿该支撑线后，K 线的倒 V 形顶就成立了。BBI 指标线也会同步形成倒 V 形顶，其位置与 K 线比较相近，二者大概率会在差不多的位置被跌破，投资者应注意卖出的时间。

下面来看一个具体的案例。

实例分析

中锐股份（002374）BBI 指标与股价的倒 V 形顶分析

图 3-23 所示为中锐股份 2021 年 11 月到 2022 年 3 月的 K 线图。

从 K 线图中可以看到，中锐股份正处于上涨行情的顶部。从 2021 年 11 月底开始，股价就出现了急速的上冲，接连的涨停使得股价涨速极快。

在经历一系列的回调与震荡后，股价很快于 12 月中旬来到了 8.00 元价位线附近，随后进行了小幅的回调。

在回调至 7.00 元价位线附近后，股价拐头开始再次上冲，期间不断形成涨停，BBI 指标线也在跟随上行。2022 年 1 月初，股价创出 12.95 元的新高后出现冲高回落的走势，当日便跌到了跌停板上。

在此之后的数个交易日内，股价不断下跌，在 9.00 元和 8.00 元价位线附近得到两次横盘的缓冲后，最终还是于 1 月下旬跌破了 K 线倒 V 形顶形态颈线的支撑。BBI 指标线的颈线则在 K 线继续下跌数日后才被跌破，BBI 指标线的倒 V 形顶形成，卖出信号发出。

从后续的走势可以看到，股价跌破颈线后在 6.00 元价位线附近得到支撑，随后进行了一次小幅度的回抽试探。

股价在回抽到颈线附近后便受到压制形成了再次的下跌，反弹的失败更加明确了下跌行情的出现，还未离场的投资者要抓紧时间，及时抛售出局。

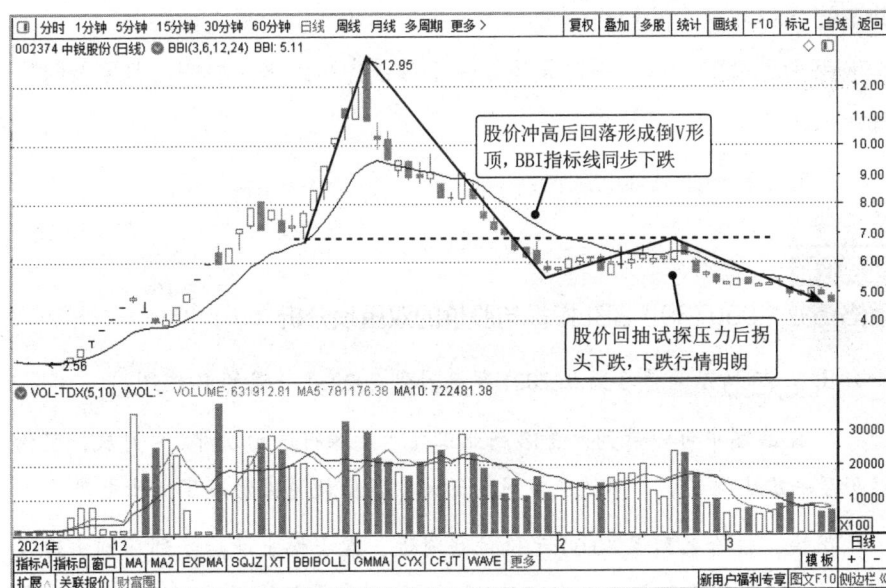

图 3-23　中锐股份 2021 年 11 月到 2022 年 3 月的 K 线图

3.3.6　双重顶的卖出形态

双重顶形态一般出现在行情顶部，技术形态与双重底刚好相反，是一种类似于字母 M 的形态，颈线就在股价下跌受到支撑回升的位置，其示意图如图 3-24 所示。

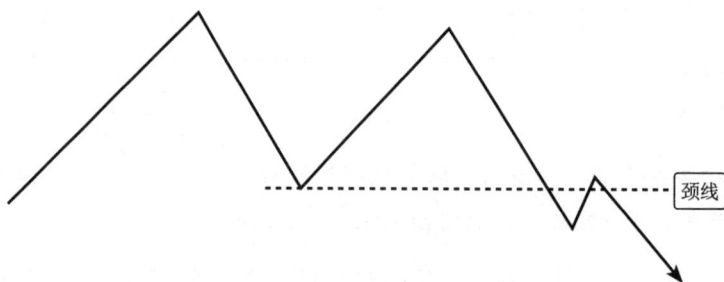

图 3-24　双重顶形态

　　由于股价在波谷回升的过程中，BBI 指标线是压制在股价上方的，因此 BBI 指标双重顶的颈线位置会高一些，其颈线也会最先被跌破，其后才是 K 线双重顶的颈线。不过无论是哪条颈线先被跌破，投资者都要及时出局止损。

　　下面来看一个具体的案例。

实例分析

普洛药业（000739）BBI 指标与股价的双重顶分析

　　图 3-25 所示为普洛药业 2021 年 8 月到 2022 年 2 月的 K 线图。

　　从 K 线图中可以看到，普洛药业正处于上涨行情的顶部。8 月底，股价经历了一次小幅回调，不过从 9 月初开始，股价便再次形成了上冲走势。

　　很快，股价来到了 40.00 元价位线附近，在小幅上冲后受到压制出现了下滑。一段时间后股价再次发起冲击，但依旧在原位置附近被挡了回来，数日后拐头快速下跌，形成了一个波峰，BBI 指标线在反复震荡后也形成了一个波峰。

　　10 月底，股价在 32.00 元价位线附近受到支撑后止跌回升，在震荡中逐步上涨，带动 BBI 指标线拐头向上，二者都形成了波谷。11 月底，股价到达了最高 41.87 元的位置，随后便进入了下跌之中，并迅速将 BBI 指标线扭转向下。

此时，K 线和 BBI 指标线的两个波峰和一个波谷已经形成，并且两个高点位置相差不大，双重顶的形态还是比较明显的。在 12 月下旬，BBI 指标线双重顶的颈线被跌破了，此时，机警的投资者完全可以提前出局，尽早降低损失。

在经历一系列震荡后，股价很快接近了自己的颈线位置。2022 年 1 月初，股价到达颈线附近后便出现了横盘整理，说明颈线还是具有一定支撑力的。不过股价并未坚持太久，最终还是于 1 月中旬跌破了颈线，K 线的双重顶形态形成，卖出信号更为明显了。

此时，股价与 BBI 指标线的双重顶都已经构筑完毕，双重信号预示着后市的下跌，还未离场的投资者不能再惜售了，尽早卖出才能达到止损目的。

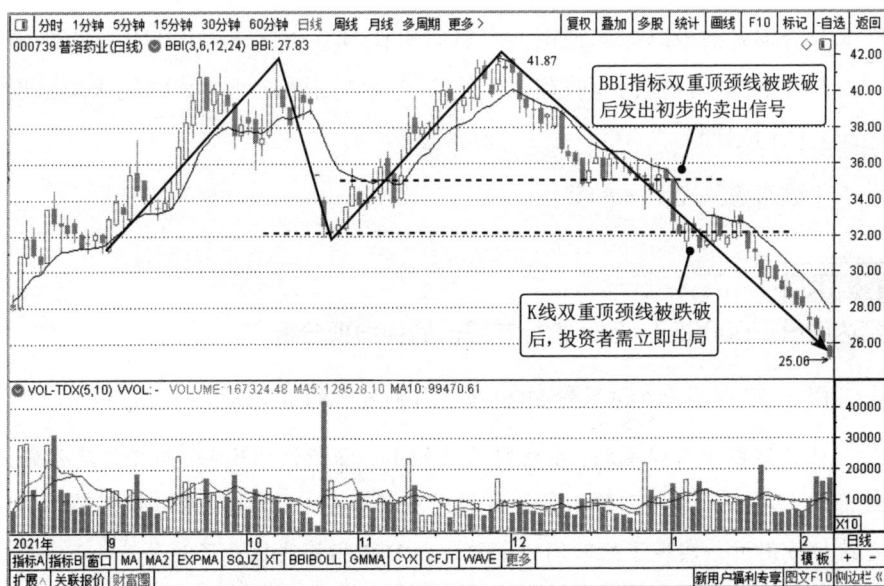

图 3-25　普洛药业 2021 年 8 月到 2022 年 2 月的 K 线图

3.3.7　头肩顶的卖出形态

头肩顶也如双重顶一般，常出现在行情的顶部，由两个稍矮的肩部和一个较高的头部构成，其示意图如图 3-26 所示。

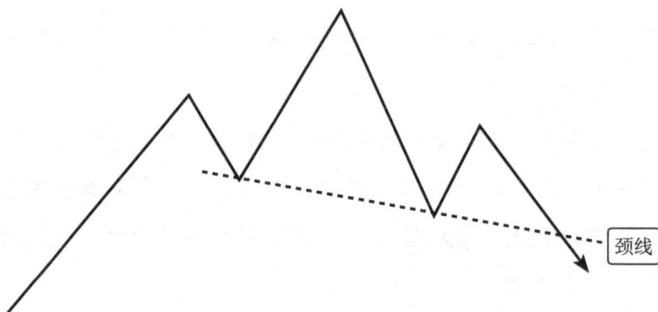

图 3-26　头肩顶形态

BBI 指标头肩顶的颈线一般是先于 K 线头肩顶出现的，同时也会在 K 线头肩顶之前被跌破。谨慎的投资者可在 BBI 指标头肩顶的颈线被跌破时就及时卖出，保住已有收益；惜售的投资者则可以等到 K 线的头肩顶形态成立后再出局。

下面来看一个具体的案例。

实例分析

泰达股份（000652）BBI 指标与股价的头肩顶分析

图 3-27 所示为泰达股份 2020 年 1 月到 6 月的 K 线图。

从 K 线图中可以看到，泰达股份正处于上涨行情的顶部。从 1 月底开始，股价便出现了连续的涨停，第一波拉升就将股价从 4.00 元左右带到了 10.00 元价位线附近，实现了短时间的翻倍，与 BBI 指标线拉开了距离。

在到达阶段顶部后，股价进行了一次抛压的释放，回落到了 7.00 元价位线附近，随后再次上涨，同时带动 BBI 指标线再次上行。第二波上涨的速度非常快，并且涨幅也更大了。

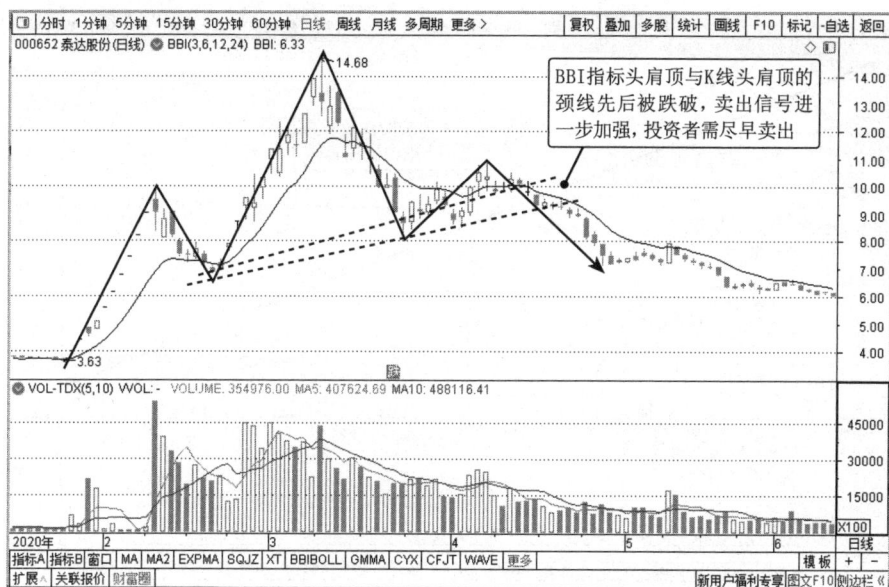

图 3-27　泰达股份 2020 年 1 月到 6 月的 K 线图

继续来看后面的走势，股价于 3 月上旬创出了 14.68 元的新高，但很快受到骤增的抛压影响，拐头开始下跌，BBI 指标线紧随其后出现下滑走势。

3 月下旬，股价在 8.00 元价位线附近止跌并震荡，随后再次上扬，形成第二个波谷的同时，BBI 指标线也构筑出了阶段底部。此时，K 线和 BBI 指标线的头肩顶形态的颈线都已经出现。

4 月上旬，股价反弹见顶开始下跌，很快 BBI 指标头肩顶的颈线就被跌破了，第一个明确的卖出信号发出。数日后，K 线头肩顶的颈线也被跌破，形态彻底成立，卖出信号得到加强。

此时，还未离场的投资者就要趁着股价还未跌到太低的位置，抓紧时间卖出，以免后续遭受更大的损失。

图 3-28 所示是泰达股份 2020 年 3 月到 2021 年 2 月的 K 线图。

从后续的走势来看，泰达股份在形成 K 线和 BBI 指标线的头肩顶形态后，就进入了长时间的下跌之中。股价从 14.50 元价位线以上。一路下滑至 4.00 元以下，不仅跌幅较深，下跌时间也很长，被套的投资者损失惨重。

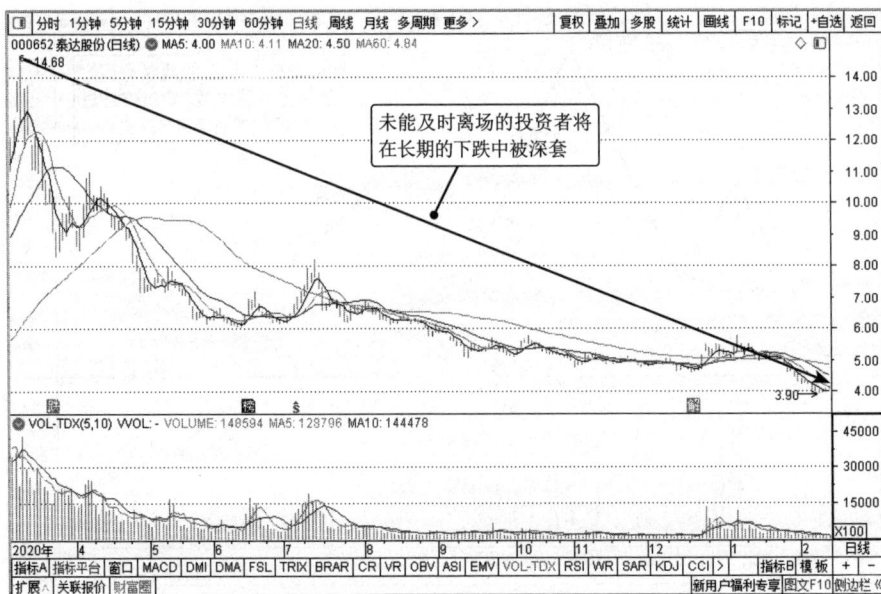

图 3-28　泰达股份 2020 年 3 月到 2021 年 2 月的 K 线图

第4章

[GMMA指标判断行情变化]

　　GMMA指标也是均线型指标的一种。实际上，GMMA指标就是在移动平均线的基础上设计的一种组合型指标，它是通过不同周期的均线组合对比及形态变化来判断合适的买卖点，总之，GMMA指标具有非常高的参考价值。

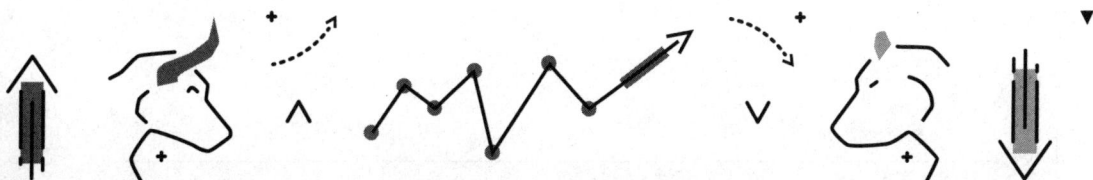

4.1 GMMA 指标的基本功能

GMMA 指标全称为顾比移动复合平均线，也常被称为顾比指标或顾比均线，是由证券研究学者戴若·顾比发明的。

顾比均线是由两组周期不同的均线构成的，其中，短期组合为 3 日均线、5 日均线、8 日均线、10 日均线、12 日均线及 15 日均线；长期组合为 30 日均线、35 日均线、40 日均线、45 日均线、50 日均线及 60 日均线，如图 4-1 所示。

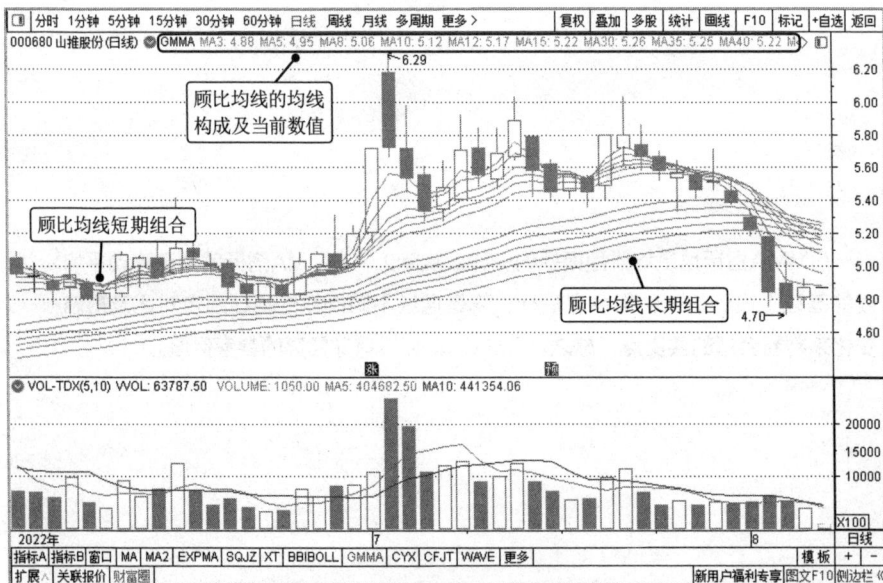

图 4-1 K 线图中的顾比均线

顾比均线使用两组均线组合的对比，透露了市场短期投资者与中长期投资者的不同行为与持仓成本。同时，这两组指标的相互关系还可以为投资者提供多种信息。

当它们相互靠近时，说明短期投资者与中长期投资者对股票价值达成了共识，预期一致的情况下，持仓成本也趋于相同；而当它们相互远离时，则说明短期投资者与中长期投资者对股票价值的认识产生了分歧。

因此，两组均线之间的形态变动能够传递出的信息量非常大，投资者可借助其特性来研判买卖点。下面来具体进行介绍。

4.1.1　区分震荡行情与单边行情

顾比均线是由两个均线组合，共 12 条均线构成的，在股价产生震荡的过程中，均线很容易纠缠在一起，发出的信号纷繁复杂，会产生大量的误导信息。

而单边行情就不一样了，股价在稳定的下跌或上涨过程中，均线组合一般会保持同步的运行，并起到压制或支撑作用。趋势一致的情况下，信号也变得容易分辨了。

正因如此，顾比均线也具有区分震荡行情与单边行情的功能。当两组均线组合产生同向的变化，并有将该趋势延续下去的迹象时，就意味着单边行情的到来，投资者可以视其发展方向决定买卖策略。

相反的，如果顾比均线从同向变化转为聚合纠缠，就说明震荡行情的到来，投资者最好保持观望，在趋势的方向性发生明显转变之前，不要轻易参与。

下面来看一个具体的案例。

实例分析
赤峰黄金（600988）顾比均线对行情的区分解析

图 4-2 所示为赤峰黄金 2020 年 5 月到 2021 年 1 月的 K 线图。

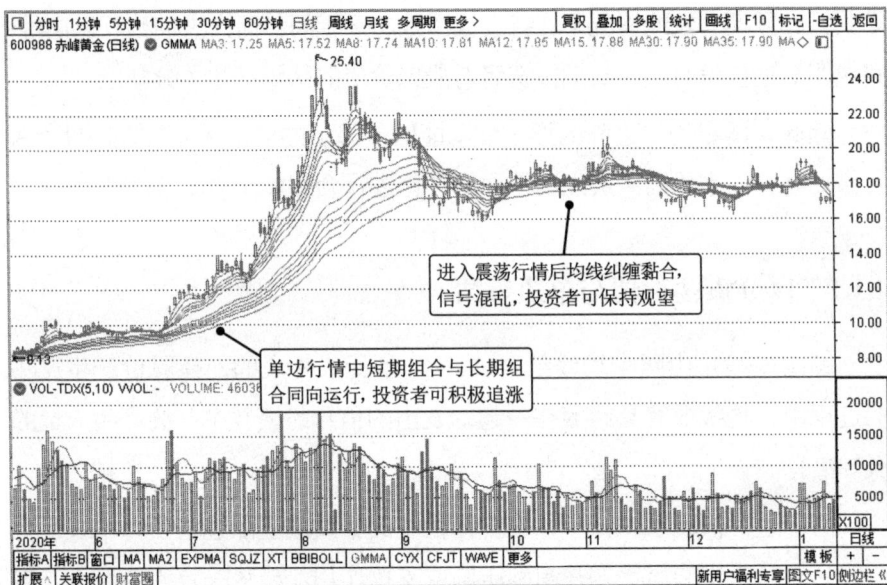

图 4-2　赤峰黄金 2020 年 5 月到 2021 年 1 月的 K 线图

　　从 K 线图中可以看到，赤峰黄金正处于单边行情向震荡行情转变的过程中。2020 年 5 月到 7 月，股价长时间处于稳定的上涨之中，短期组合均线跟随股价上下波动，长期组合均线则承托在短期组合均线与 K 线下方，起到了坚定的支撑作用，与之同步向上发散。

　　在此期间，单边行情的趋势十分明显，只要均线组合没有产生转势迹象，投资者完全可以借助股价回调的低点积极追涨买进，持股待涨。

　　8 月上旬，股价创出了 25.40 元的新高，随后快速拐头下跌，并在 19.00 元到 24.00 元进行震荡，幅度越来越小。与此同时，短期组合均线被带动出现反复波动，长期组合均线也开始走平，整体出现了转势迹象，投资者需保持警惕。

　　9 月初，股价从高位滑落，出现了数日快速收阴下跌，导致短期组合均线迅速跟随下行，并与长期组合均线交叉在一起。此时，长期组合均线也完成了转向。

　　股价在止跌后再次形成震荡走势，短期组合均线不断跟随波动，长期组合均线也开始围绕股价产生小幅震荡。二者长时间交叉在一起，形成了十分混乱的走势，发出的信号也杂乱无章。

在此期间，投资者很难准确判断后市走向，但股价已经从顶部滑落了不短的距离。为避免后市下跌带来更大的损失，场内投资者可将筹码暂时抛出，然后保持观望，等待变盘的到来。

如果股价震荡结束后依旧下跌，那么就不要再参与；如果变盘后股价出现了上涨迹象，投资者就可以再次买进。

4.1.2　及时止盈止损信号

在很多时候，投资者都对止盈止损的位置没有清晰的概念。判断何时止盈、何时止损是投资过程中极为重要的一环，也是投资者能否盈利的关键。顾比均线在止盈止损的判断上，相较于其他均线型指标来说具有一定优势。

简单来说，短期组合均线的方向变动情况，可以作为投资者止盈的参考；而长期组合均线的转向，以及与短期组合均线的交叉位置，则可以作为止损的判断依据。

由于长期组合均线的扭转需要一定时间，因此在行情顶部和大幅下跌的前夕，顾比均线的止盈止损功能最为突出。

如果股价只是出现小幅度或是短时间的下跌，那么长期组合均线可能不会产生大的变动。短线投资者依旧可以在短期组合均线转势时止盈出局，中长线投资者则可以在长期组合均线保持上行的状态下继续持有，直到长期组合均线也发生变化。

下面来看一个具体的案例。

实例分析

安科瑞（300286）顾比均线止盈止损位分析

图 4-3 所示为安科瑞 2021 年 11 月到 2022 年 4 月的 K 线图。

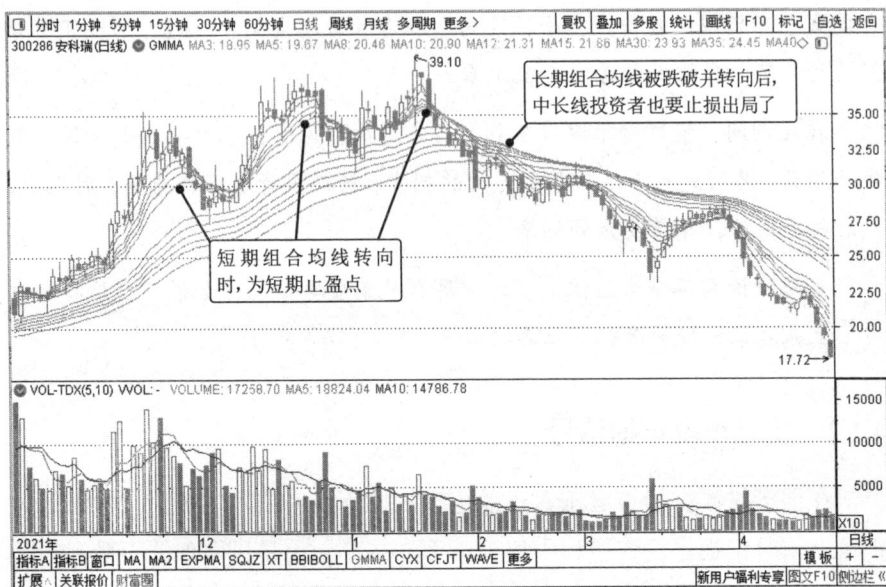

图4-3　安科瑞2021年11月到2022年4月的K线图

从K线图中可以看到，安科瑞正处于上涨行情的顶部。在2021年11月期间，股价还保持着稳定的上涨状态，并且涨速在不断加快。

接近11月底时，股价到达35.00元价位线附近后受阻回落，导致短期组合均线出现了转向，短线投资者的止盈点出现。

股价在下跌过程中，长期组合均线的上扬角度也发生了一点变化，但并未彻底转向下方。并且短期组合均线与股价于12月初在长期组合均线上受到了支撑，转而再次上涨，说明这只是一次回调，行情还未发生转变，中长线投资者可继续持有。

2021年12月底到2022年1月初，股价又一次出现了回调，短线投资者和中长线投资者依旧贯彻自己的买卖策略。

1月中旬，股价再次上冲创出39.10元的新高，随后数日便出现了快速的下跌。此次下跌速度比前期的回调都要快，短期组合均线迅速被带动向下，止盈点出现了。

随后短期组合均线急促下行，很快与长期组合均线产生了交叉。长期组合均线被跌破后，也很快出现了转向，预示着行情可能出现了转向，止损点也已经明朗，投资者需尽快出局。

4.2 顾比指标在强趋势中的应用

强趋势指的就是强势的单边上涨行情，在这样的行情走势中，顾比均线的作用将会得到很好的发挥，能够通过不同的形态向投资者传递各种买卖信号。

4.2.1 指标组合向上发散

指标组合向上发散指的是股价在经历盘整或回调后，导致短期组合均线与长期组合均线聚拢或交叉在一起，随后股价再度上涨，带动均线组合向上发散开来的走势。

由于顾比均线的均线组合有两个，因此，这里的发散不仅指的是两个组合之间呈发散状态，两个组合内部的均线也要保持发散，这样才能保证看多信号的可靠性。

下面来看一个具体的案例。

实例分析

长春高新（000661）顾比均线向上发散形态分析

图 4-4 所示为长春高新 2020 年 2 月到 5 月的 K 线图。

从 K 线图中可以看到，长春高新正处于上涨行情之中。在 2 月期间，股价还在横盘整理，短期组合均线与长期组合均线聚拢黏合在一起。

2 月底到 3 月初，股价突然上冲，带动短期组合均线上扬并与长期组合均线拉开了距离，呈现出发散状态，似乎有上涨的迹象。但多观察几日就可以发现，股价只是短暂上涨，在 3 月上旬就再次下滑了，长期组合均线内部还未完全展开就被带动向下聚拢，与短期组合均线交叉在一起。

股价此轮下跌一直持续到 3 月中旬，创出 434.50 元的新低后再次回升，很快来到了长期组合均线以上。股价在突破长期组合均线后继续快速上冲，短期组合均线内部迅速向上发散开来，并很快与长期组合均线拉开距离，形成了初步的发散状态。

一段时间后，长期组合均线内部也出现了明显的发散现象，与短期组合均线同步向上，短时间内没有回落的趋势，顾比均线向上发散的形态确定。此时，观望的投资者就可以大胆买进了。

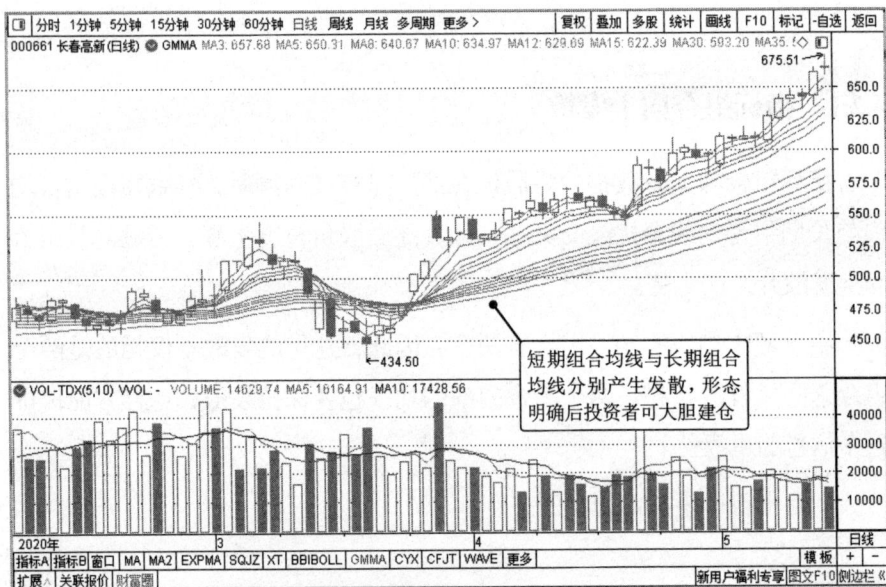

图 4-4　长春高新 2020 年 2 月到 5 月的 K 线图

4.2.2　指标组合向上聚拢

指标组合向上聚拢指的是在股价经历一段时间的上涨后，两个均线组合呈发散状态。某一瞬间股价开始回调或是横盘整理，带动均线组合纷纷靠近形成向上聚拢的走势。

　　与向上发散的形态比较类似，顾比均线向上聚拢的形态不仅需要短期组合均线与长期组合均线之间产生聚拢，均线组合的内部也要相互靠近。此时，短线投资者可择高卖出，中长线投资者则可以保持观望，只要股价还有继续上涨的潜力，就不必着急出局。

　　下面来看一个具体的案例。

实例分析

完美世界（002624）顾比均线向上聚拢形态分析

　　图 4-5 所示为完美世界 2019 年 12 月到 2020 年 5 月的 K 线图。

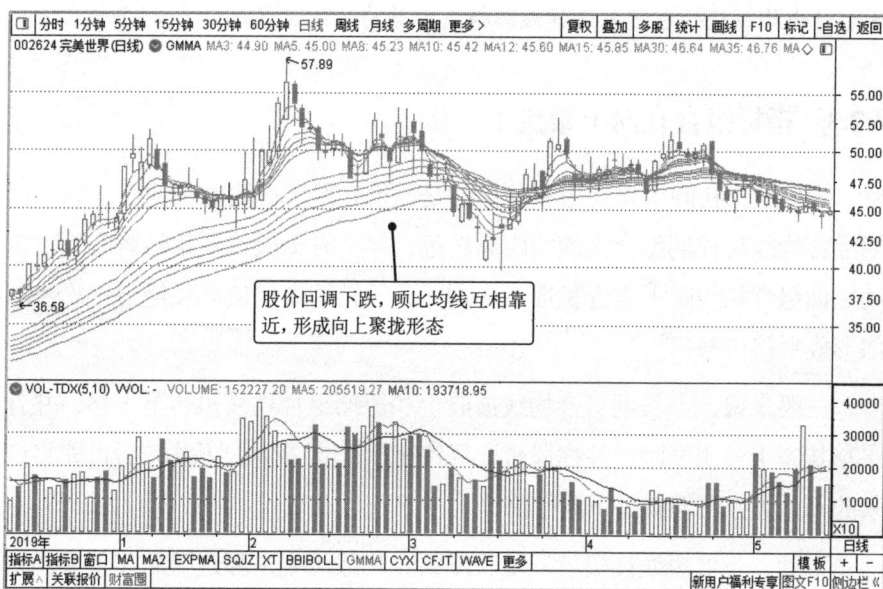

图 4-5　完美世界 2019 年 12 月到 2020 年 5 月的 K 线图

　　从 K 线图中可以看到，完美世界正处于上涨过程中。在 2019 年 12 月期间，股价还维持着稳定的上涨走势，短期组合均线与长期组合均线的发散状态正常。

　　2020 年 1 月上旬，股价小幅越过 50.00 元价位线后出现了回调下跌，导致短期组合均线向下黏合在一起，长期组合均线也受到影响，产生了一定幅度的波动。但很快，股价在长期组合均线上受到支撑后就再次上涨，并创出了 57.89 元的新高，短期组合均线再次发散开来，长期组合均线也保持上扬。

不过，股价在创出新高后的次日就形成了下跌，短期组合均线跟随拐头向下出现聚拢，此时短线投资者可以卖出了。

之后，股价跌至长期组合均线附近后得到支撑横盘震荡，带动短期组合均线与长期组合均线靠拢，形成了聚合状态。并且长期组合均线内部也产生了聚合，顾比均线向上聚拢的形态更为清晰了。

此时，股价产生了后市下跌的趋势，但很快在 40.00 元处受到支撑回升，只是回升高点低于前期高点。中长线投资者在观察到这样的走势后，可以选择暂时出局观望，也可以选择继续持有，等待后续变盘。

4.2.3　指标组合在向上聚拢中平移

指标组合在向上聚拢中平移指的是股价在经历一段时间的上涨后，短期组合均线与长期组合均线的距离较远，某一时刻股价开始转势向下，带动短期组合均线向下靠近长期组合均线，扭转的力量使得长期组合均线内部形成平移状态。

一般来说，当长期组合均线被股价和短期组合均线扭转至平移，并且平移状态十分明显时，往往股价已经产生了一定幅度的下跌，后市即将迎来的不是大幅回调就是下跌行情。

因此，不但短线投资者发现长期组合均线产生平移走势后需要卖出，中长线投资者也要仔细斟酌是否还要继续持有。

下面来看一个具体的案例。

实例分析

国科微（300672）顾比均线在向上聚拢中平移形态分析

图 4-6 所示为国科微 2021 年 10 月到 2022 年 2 月的 K 线图。

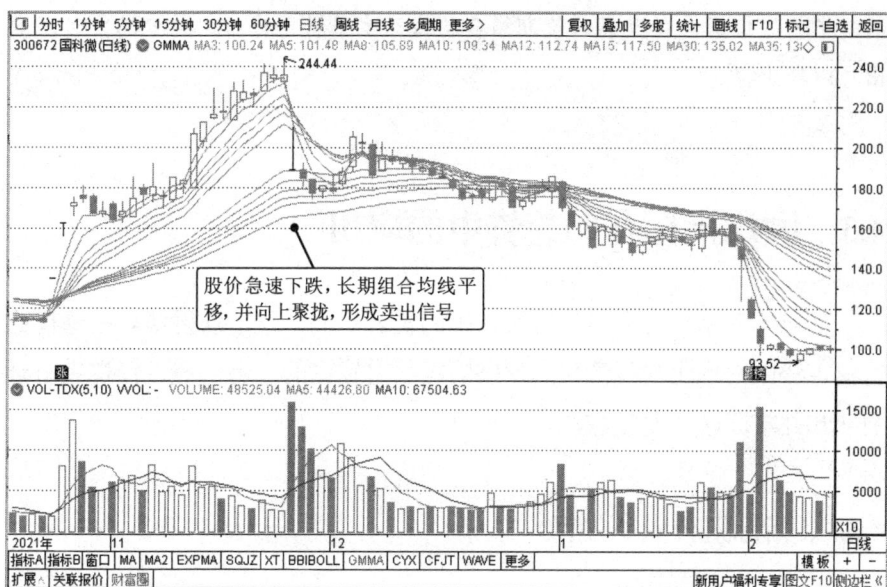

图 4-6 国科微 2021 年 10 月到 2022 年 2 月的 K 线图

从 K 线图中可以看到，国科微正处于上涨行情的顶部。在 2021 年 10 月下旬之前，股价还在进行回调整理，导致短期组合均线与长期组合均线分别产生了聚合，靠拢在一起。

10 月下旬，股价回调见底，股价直接拉出了涨停，短短数日内就将股价从 120.00 元以下推到了 180.00 元附近。极快的涨速使得短期组合均线与长期组合均线迅速向上发散开来，并且伴随着股价的上涨，两组均线之间的距离越来越远。

11 月下旬，股价创出 244.44 元的新高后，在次日就出现了急促的跌停，一日之内就将股价从 240.00 元以上下拉至 190.00 元左右。

受此影响，短期组合均线立即跟随拐头向下，长期组合均线则从上扬直接转折为走平，均线组合内部形成了平移走势，顾比均线在向上聚拢中平移的形态成立，卖出信号明确。

此时，股价的跌幅已经超过了 20%，随后股价进行了一次小幅反弹，但后市看跌迹象依旧明显。短线投资者应当在股价产生下跌后的第一时间出局，中长线投资者在观察到长期组合均线产生平移走势后，也要抓紧时间卖出，以期止损。

4.3　顾比指标在弱趋势中的应用

市场的弱趋势与强趋势对应，指的是弱势的单边下跌行情。在这样的行情走势中，顾比均线产生的形态同样具有较高的参考价值，投资者有必要熟知并掌握这一类形态。

4.3.1　指标组合向下发散

指标组合向下发散指的是股价在经历过一段时间的走平或是震荡后，短期组合均线与长期组合均线黏合或交叉在一起，但某一时刻股价加速下跌，导致两组均线迅速向下运行并分散开来，每组均线组合的内部也在逐步扩散。

顾比均线的向下发散，意味着股价从相对高位开始快速滑落。均线组合向下扩散的角度越大，股价下跌的速度就越快，并且后市相应的下跌空间也会更大。

因此，投资者在发现顾比均线出现向下发散的迹象时，就要及时在相对高位出局，以期止损。

下面来看一个具体的案例。

实例分析
通富微电（002156）顾比均线向下发散形态分析

图 4-7 所示为通富微电 2020 年 12 月到 2021 年 5 月的 K 线图。

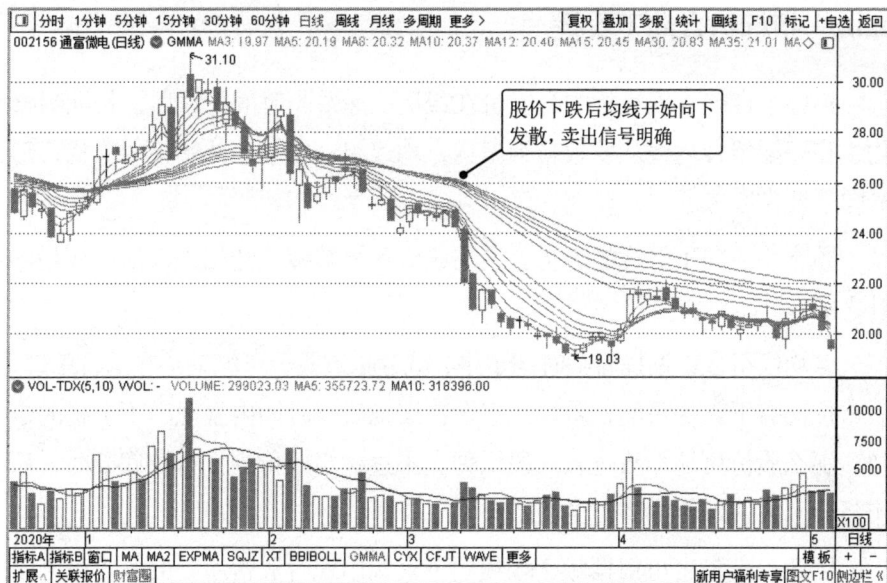

图 4-7　通富微电 2020 年 12 月到 2021 年 5 月的 K 线图

从 K 线图中可以看到，通富微电正处于从阶段顶部下滑的过程中。在 2020 年 12 月期间，股价还在进行上一波回调，短期组合均线和长期组合均线逐渐黏合在一起。12 月底股价触底回升，开始新一波的上涨，两组均线分开了一些。

2021 年 1 月中旬，股价创出 31.10 元的新高，随后便出现了下跌，并在 28.00 元价位线附近震荡了一段时间，导致长期组合均线和短期组合均线再次交叉在一起。

这样的纠缠状态一直持续到 2 月下旬，股价在又一波下跌后，均线组合开始出现发散走势。伴随着价格的不断下滑，长期组合均线和短期组合均线逐步分开，均线组合内部的均线也开始向下扩散，整体形成向下发散的趋势，发出了明确的卖出信号。

此时，股价还在 24.00 元价位线上方进行盘整，投资者应抓住这一时机快速出局，及时止损。

4.3.2 指标组合向下聚拢

指标组合向下聚拢指的是股价在经历快速或长时间下跌后，长期组合均线和短期组合均线从发散转为聚拢，均线组合内部也开始集中靠拢，形成向下聚拢形态。

顾比均线向下聚拢的走势，说明股价跌势减缓，开始进入横盘或是回升之中。

若均线组合在聚拢后长时间走平，就意味着股价可能只是在进行整理，后市依旧有下跌的可能；若均线组合在聚拢后短时间内呈现出了上扬的走势，那么股价可能即将进入一段反弹。不过，当股价处于行情底部时，后市将迎来的就是新行情的出现。

因此，投资者可根据顾比均线向下聚拢出现时股价所处的位置来判断该使用何种买卖策略。

下面来看一个具体的案例。

实例分析

嘉欣丝绸（002404）顾比均线向下聚拢形态分析

图 4-8 所示为嘉欣丝绸 2021 年 1 月到 7 月的 K 线图。

从 K 线图中可以看到，嘉欣丝绸正处于下跌行情之中。在 1 月期间，股价还在积极下跌，带动短期组合均线和长期组合均线纷纷向下发散开来，压制在股价上方。

进入 2 月后，股价很快创出了 5.61 元的新低，随后止跌回升，带动短期组合均线率先向上转向，并向长期组合均线逐渐靠近。与此同时，长期组合均线也受到了股价上涨的扭转作用，减缓了下滑角度，很快与上涨的股价和短期组合均线聚合在一起，形成了向下聚拢的走势。

从整体的状态可以发现，股价在触底后是主动上涨靠近长期组合均线的，并非在原地横盘等待均线靠近。并且在后续的走势中，均线组合在聚拢后跟随继续上涨的股价形成向上的发散，这就意味着股价后市反弹的空间可能比较大。

因此，短线投资者可在股价触底回升并确定升势后积极买进做多。已经离场的中长线投资者则根据自身需求决定是否参与。被套场内的投资者则要借助后市反弹的高点进行撤离。

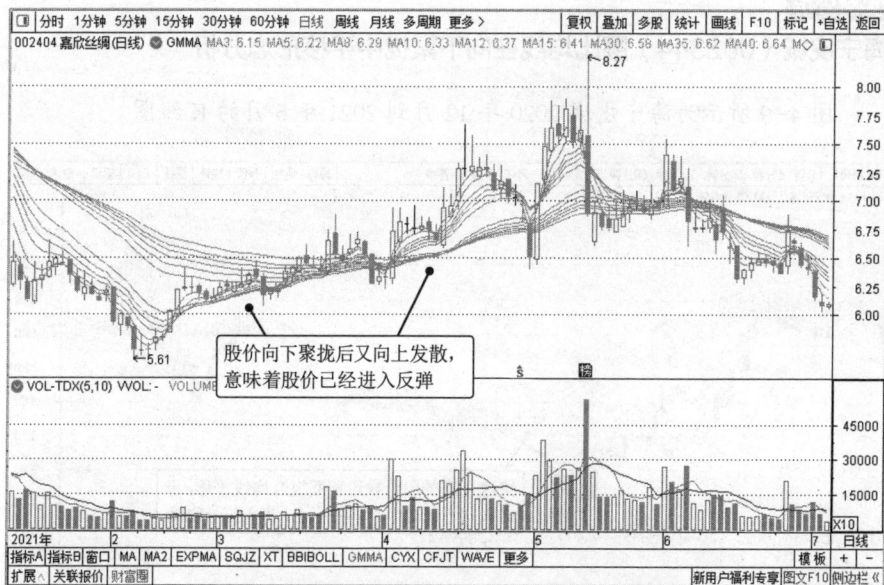

图 4-8　嘉欣丝绸 2021 年 1 月到 7 月的 K 线图

4.3.3　指标组合在向下聚拢中平移

指标组合在向下聚拢中平移指的是顾比均线在由分散转为向下聚拢的过程中，股价突然加快上涨速度，导致原本下行的长期组合均线受到影响直接走平，形成平移走势。

一般来说，要让还在下行的长期组合均线突然走平，股价的上涨幅度一定是非常大且急促的，否则长期组合均线就会呈现缓慢下行后的走平，这并不符合形态的要求。

当股价形成短期暴涨，促使形态成立，并在后续有继续上涨的迹象时，就意味着趋势即将翻转,后市将迎来的不是大幅上涨就是新行情的诞生,因此,投资者可积极建仓待涨。

下面来看一个具体的案例。

实例分析

海宁皮城（002344）顾比均线在向下聚拢中平移形态分析

图 4-9 所示为海宁皮城 2020 年 12 月到 2021 年 5 月的 K 线图。

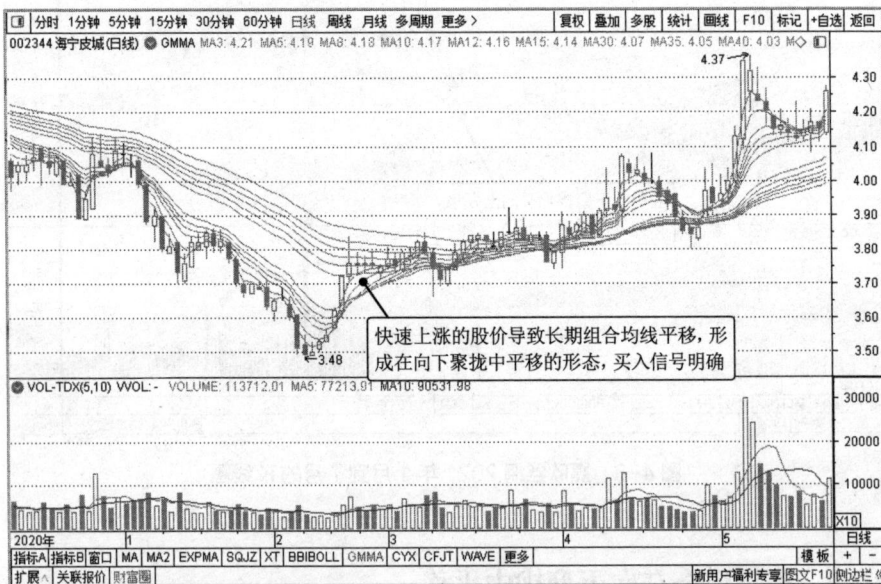

图 4-9　海宁皮城 2020 年 12 月到 2021 年 5 月的 K 线图

从 K 线图中可以看到,海宁皮城正处于下跌趋势翻转的过程中。2020 年 12 月到 2021 年 1 月,股价都保持着下跌状态,尽管走势比较震荡,但均线组合依旧向下发散,股价跌势确定。

2 月上旬,股价创出 3.48 元的新低后止跌回升,涨速越来越快,短时间内就将股价带到了 3.80 元价位线附近,并成功将短期组合均线扭转向上。

与此同时,原本还在下行的长期组合均线受到股价快速上涨的影响,直接由下行转为走平,并形成了平移走势。整体来看,短期组合均线还在朝着长期组合均线靠拢，二者构成了在向下聚拢中平移的形态。

形态出现后，股价在 3.70 元到 3.80 元震荡了一段时间，于 3 月中旬再次上冲，加快了上涨速度，带动长期组合均线和短期组合均线纷纷上扬，传递出后市向好的信号，投资者可积极买进。

4.4　顾比指标与顾比倒数线的结合

顾比倒数线是一种盘后指标，主要用于判断入场点或离场点。顾比倒数线在判断入场点时，需要用到三根重要的 K 线。

- ◆ 首先，找到某一阶段内个股下跌的最低点，这是第一根重要 K 线，记作 K 线 1。

- ◆ 然后，沿着 K 线 1 向左移动，直到遇见下一根最高价高于 K 线 1 的 K 线，这就是投资者要找的第二根重要 K 线，记作 K 线 2。

- ◆ 最后，沿着 K 线 2 向左移动，直到遇见下一根最高价高于 K 线 2 的 K 线，这就是第三根重要的 K 线，记作 K 线 3。此时，沿着 K 线 3 的顶端画一条直线，这就是顾比倒数线中的入场线，如图 4-10 所示。

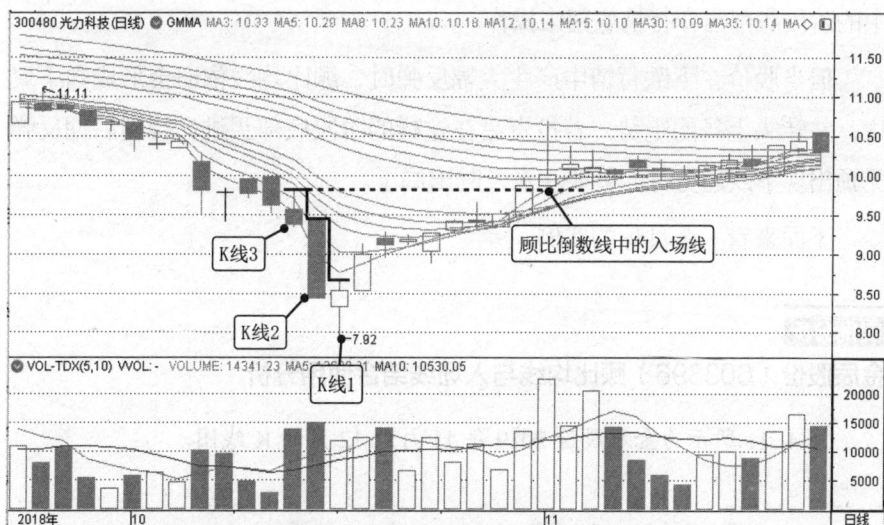

图 4-10　顾比倒数线中入场线的绘制

一般来说，个股在回升后需要到达入场线之上，才能确认新的上升趋势成立，入场线被突破的位置就是很好的买入点。

除了使用最为广泛的入场线之外，顾比倒数线中还存在止损线和止盈线。这 3 条线与顾比均线配合使用，能够有效弥补指标之间的不足，从而帮助投资者高效定位出入点。

4.4.1 上涨初期的入场线

上涨初期的入场线由三根 K 线作为基础绘制，这三根 K 线就是在股价触底回升之后，前期形成的最低点 K 线 1，以及往回寻找到的 K 线 2 和 K 线 3。对于经验丰富的投资者来说，有可能会直接找到整段行情的最低点，实现抄底。

在绘制入场线的同时，若股价存在继续上涨的迹象，顾比均线从向下发散转为聚拢，双重信号认定后市向好，投资者及时买进，就有机会实现抄底。

将入场线与顾比均线结合，能够在一定程度上避免投资者将下跌行情中的阶段底部当作行情底部来操作。

但当股价在下跌行情中产生大幅反弹时，顾比均线依旧会形成向下聚拢，并转头上扬的走势。若投资者在这样的阶段底部买进，待到后期反弹见顶出现下跌趋势时，就要注意及时出局了。

下面来看一个具体的案例。

实例分析

金辰股份（603396）顾比均线与入场线结合使用分析

图 4-11 所示为金辰股份 2019 年 11 月到 12 月的 K 线图。

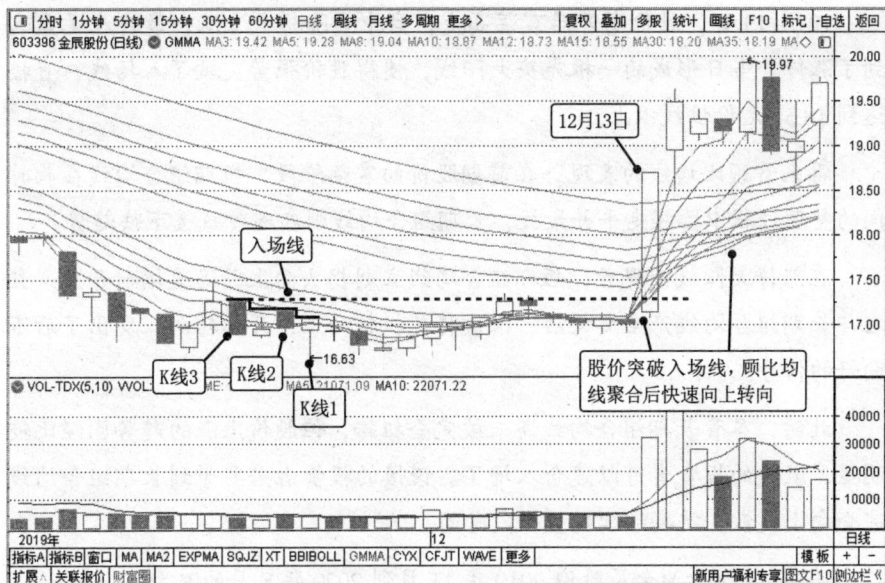

图 4-11　金辰股份 2019 年 11 月到 12 月的 K 线图

从 K 线图中可以看到，金辰股份正处于下跌行情的底部。在 11 月上旬期间，股价还在缓慢下跌，进入 11 月中旬后，股价跌至 17.00 元价位线附近后进入横盘，形成底部震荡走势。

11 月 25 日，股价盘中形成触底回升走势，当日形成一根带长下影线的小阳线，创出 16.63 元的新低。

在此之后，股价依旧在 17.00 元价位线附近震荡，但低点再没有低过 16.63 元，并且股价在见底后有一定的回升，带动短期组合均线内部开始聚拢。因此，投资者可将 11 月 25 日视作 K 线 1，开始进行入场线的绘制。

寻找到 K 线 2 和 K 线 3 后，可以看到 K 线 3 的最高价为 17.27 元，那么入场线就在该价位线附近。将其进行水平延伸，就可以观察到股价对这条价位线的突破。

12 月上旬，股价回升到入场线附近后已经产生了小幅突破。但从后续的回落走势来看，这样的突破属于无效突破，从一定程度上反映出了入场线的短期压制作用。

12月13日，股价高开后震荡高走，盘中呈阶梯式上涨，最终在尾盘达到了涨停。当日形成的一根光头大阳线，使得股价强势突破了入场线，直接达到18.50元价位线以上。

再来看顾比均线的表现，在前期股价的震荡阶段，短期组合均线在长时间的整理过程中已经走平并聚拢，长期组合均线则在逐步减缓下跌趋势。

在涨停大阳线出现后，短期组合均线立刻拐头向上并迅速辐射开来，且在与长期组合均线产生交叉后，很快将其扭转向上，开始转向，发出了后市向好的信号。

此时，尽管长期组合均线还未被完全扭转，但股价上涨的趋势已经比较明显，激进的投资者可以建仓入场了。谨慎的投资者若要等到长期组合均线完全向上发散，就要继续观望一段时间。

图4-12所示为金辰股份2019年11月到2020年8月的K线图。

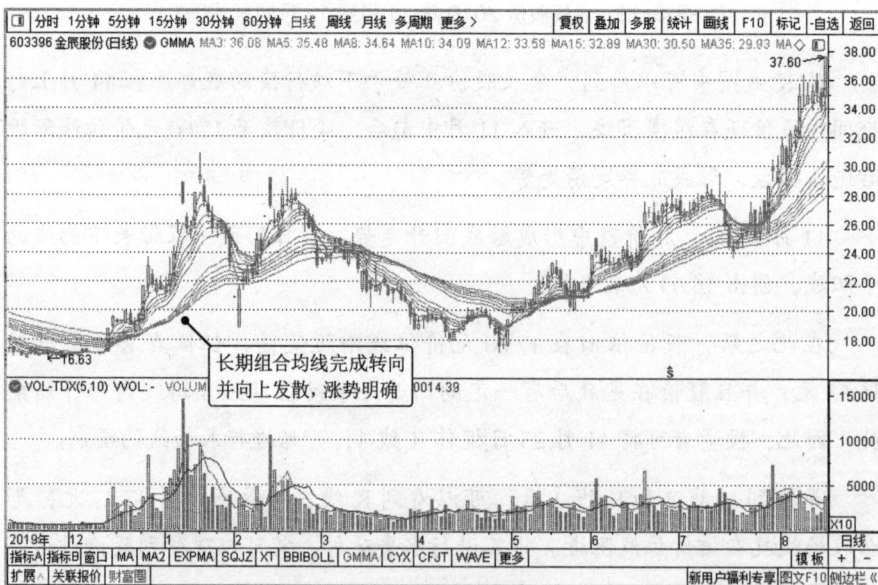

图4-12　金辰股份2019年11月到2020年8月的K线图

从后续的走势中可以看到，长期组合均线在2020年1月初才完成向上的发散，形成明显的上涨趋势。此时，谨慎的投资者也可以在适当的位置建仓入场了。

4.4.2 股价高位的止盈线

顾比倒数线中的止盈线是从某段上升趋势中当前的最高价（记作 K 线 1）开始，往回寻找到一条最低价比 K 线 1 更低的 K 线，记作 K 线 2。

随后，再以 K 线 2 的最低价为基准延伸出一条水平线，就形成了止盈线，也是短期的支撑线。一旦股价跌到止盈线之下，就表明上升趋势将要转变为新的下跌趋势。

此处要注意，止盈线仅需要两根 K 线就可以确定，这一点与入场线有所不同，投资者不要将二者混淆。

止盈线与顾比均线的结合，主要体现在顾比均线转向的过程中。在行情高位或是阶段高位，止盈线被跌破，并且顾比均线也开始向下转向，或向下发散开时，卖出时机就出现了。

下面来看一个具体的案例。

实例分析
中国宝安（000009）顾比均线与止盈线结合使用分析

图 4-13 所示为中国宝安 2021 年 8 月到 10 月的 K 线图。

从 K 线图中可以看到，中国宝安正处于上涨行情的顶部。在 8 月中上旬，股价还在震荡上涨，顾比均线中的短期组合均线跟随波动，长期组合均线则长时间承托在下方，起支撑作用。

这样的走势一直持续到 8 月 24 日，当日股价低开后震荡高走，盘中形成冲高回落走势，最终收出一根大阳线，并创出了 29.27 元的新高。但在此之后，股价再也未能创出新高，开始了小幅的下滑走势。此时，投资者就可以将当日的 K 线作为 K 线 1，开始绘制止盈线。

从 K 线 1 往回寻找到 K 线 2 后，以其最低价为基准，延伸出一条水平线，就形成了止盈线，同时这条线也是短期的支撑线。

从其后的走势可以看到，股价在见顶回落后多次踩在止盈线附近，但都未能实现有效跌破。

9 月 1 日，股价高开后快速低走，盘中直逼跌停，临近收盘时小幅回升，最终以 9.71% 的跌幅收盘。当日形成的一根大阴线跌破了止盈线的支撑，并同时拉动顾比均线中的短期组合均线拐头向下，长期组合均线开始逐步走平。

次日，股价大幅低开，收出的一根小阳线完全落到了止盈线以下。结合短期组合均线的完全转向与长期组合均线的逐渐走平来看，股价后期下跌的可能性非常大，谨慎的投资者要及时卖出了。

再往后看一个交易日，该交易日股价高开后急速下跌，在早盘期间就达到了跌停。盘中经历震荡开板后，股价最终还是以跌停收盘，形成一根大阴线彻底跌破了止盈线，并带动长期组合均线转向下方，跌势明确，此时还留在场内的投资者需要尽快出局。

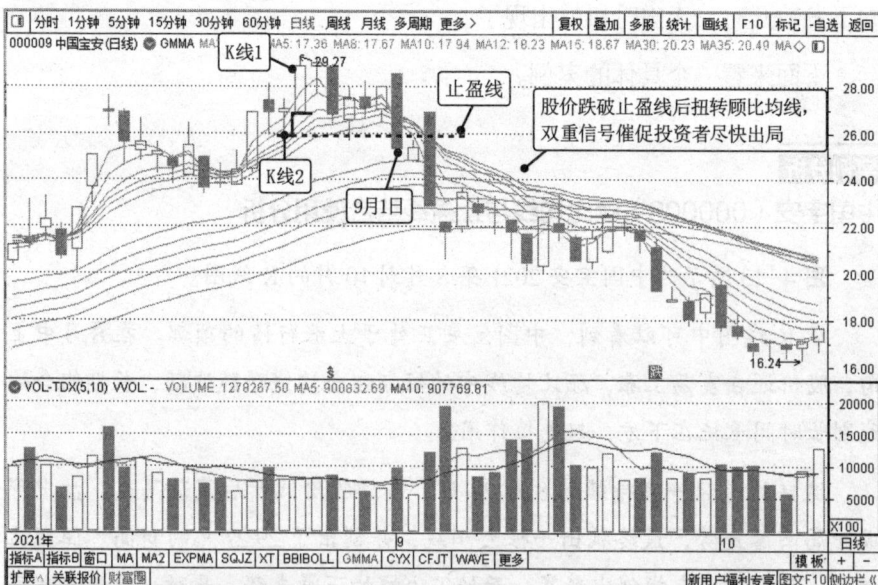

图 4-13　中国宝安 2021 年 8 月到 10 月的 K 线图

4.4.3　股价下跌后的止损线

顾比倒数线中的止损线与止盈线的绘制方法基本一致，也是从某段上升趋势中当前的最高价（记作 K 线 1）开始，往回寻找最低价比 K 线 1 更低的 K 线。

不过二者最大的区别在于，止损线总共需要三根 K 线来确定，而不是两根，这是投资者需要特别注意的。

在寻找到 K 线 2 与 K 线 3 后，以 K 线 3 的最低价为基准延伸出一条水平线，就形成了止损线。

止盈线与止损线先后出现，当股价接连跌破这两条支撑线时，卖出信号将会变得十分强烈。再结合顾比均线向下的扭转，投资者就要及时选择合适的位置卖出持股了。

下面来看一个具体的案例。

实例分析

龙津药业（002750）顾比均线与止损线结合使用分析

图 4-14 所示为龙津药业 2021 年 12 月到 2022 年 2 月的 K 线图。

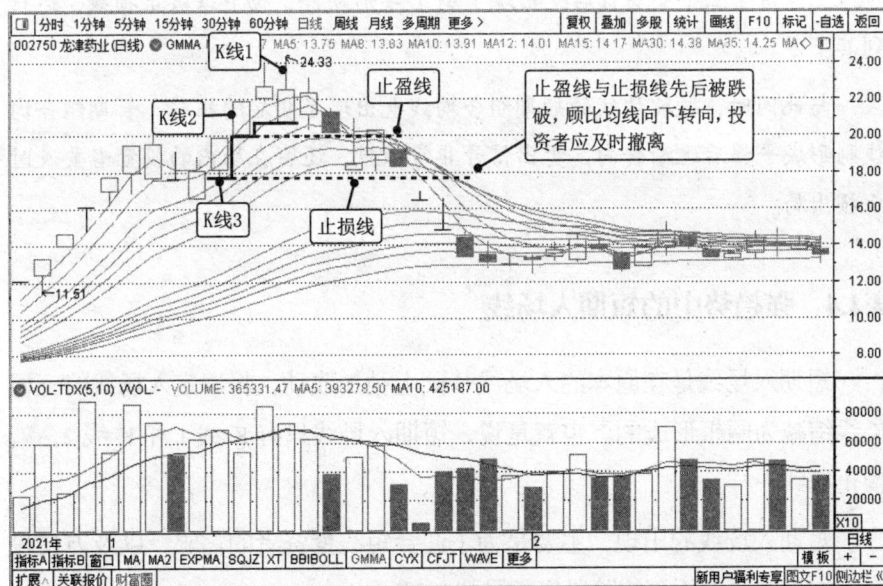

图 4-14　龙津药业 2021 年 12 月到 2022 年 2 月的 K 线图

从 K 线图中可以看到，龙津药业正处于上涨行情的顶部。2021 年 12 月到 2022 年 1 月上旬，股价还在积极快速地上涨，在经历了回调与震荡后，于 1 月 14 日来到了最高 24.33 元的位置。

在股价创出新高后，后续便开始了下滑。此时，投资者就可以将 1 月 14 日这根阳线作为 K 线 1，开始止盈线和止损线的绘制。

分别往前寻找到 K 线 2 和 K 线 3 后，止盈线与止损线的位置出现了。从 K 线 2 的最低价来看，止盈线的位置在 20.00 元价位线附近，从 K 线 3 的最低价来看，止损线的位置在 17.80 元左右。

绘制出这两条线后，继续来看后续的走势。在股价见顶后的第二个交易日就已经下探到了止盈线的位置，见顶后的第三个交易日更是直接跌到其下方。在此期间，顾比均线的短期组合均线也开始了向下的转向，这也提示谨慎的投资者该止盈出局了。

股价在跌破止盈线后，又在止损线上受到支撑横盘了几日。但股价在止损线上停留了三个交易日后就出现了倒 T 字形跌停，彻底跌破止损线，运行到其下方。

与此同时，顾比均线的短期组合均线也出现了明显的扭转，长期组合均线则形成平移后逐渐转向，卖出信号非常强烈，还留在场内的投资者要及时止损出局。

4.4.4 强趋势中的短期入场线

短期入场线是在原本的入场线基础上稍加改动，将确定入场线的三根 K 线缩减为两根形成的。也就是说，短期入场线只有 K 线 1 和 K 线 2，就像止盈线一样。

短期入场线的出现，主要是为了迎合短线投资者的需求，以及方便投资者在下跌幅度不深的阶段底部寻找入场点。

因此，短期入场线最适合使用的阶段是强趋势，也就是稳定的单边行情之中，回调底部的位置。在这些位置，顾比均线往往会呈现出配合的上扬走势，尤其是长期组合均线，有可能在股价回调的过程中，其上扬的走势都不会产生变化，能够有效加强买入信号。

当然，短期入场线也适用于下跌行情中抢反弹，不过这样操作的风险比较大，经验不足、风险承受能力较低的投资者最好不要轻易尝试。

下面来看一个具体的案例。

实例分析

江山欧派（603208）顾比均线与短期入场线结合使用分析

图 4-15 所示为江山欧派 2020 年 3 月到 4 月的 K 线图。

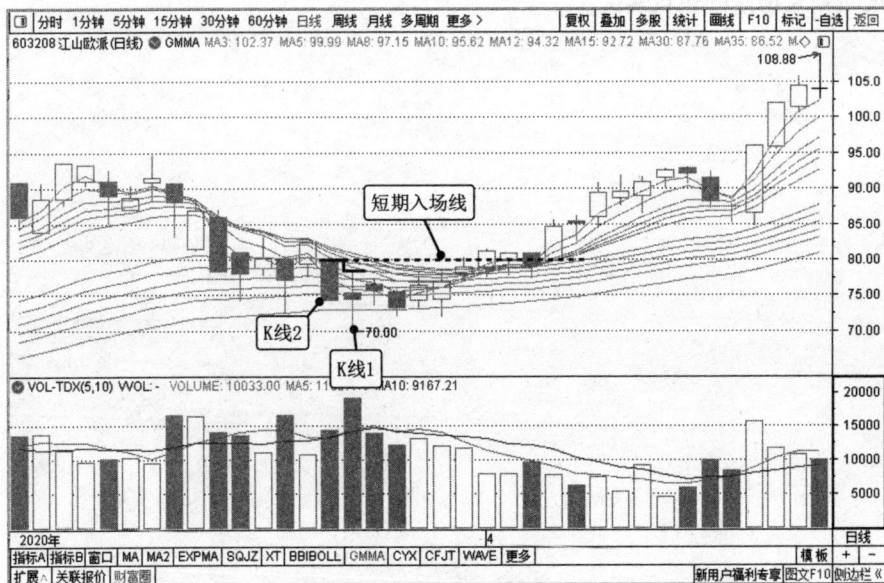

图 4-15 江山欧派 2020 年 3 月到 4 月的 K 线图

从 K 线图中可以看到，江山欧派正处于上涨行情的回调过程中。3 月初，股价上涨至 95.00 元价位线附近后受压横盘，随后于 3 月中旬左右开始下跌，进入回调之中。

3 月 24 日，股价跌至最低 70.00 元后便开始了逐步的回升，低点再没有跌破70.00元价位线。因此，投资者可将3月24日这一天的阴线当作K线1，开始短期入场线的绘制。

往回找到K线2后，依据其最高价79.79元延伸出一条水平线，这就是短期入场线了。

继续来看后面的走势，股价在回升后遇到短期入场线，受到了一定压制，未能在第一时间突破。不过，数日之后股价大幅收阳上涨，成功突破了短期入场线并在其上方站稳。

再来看顾比均线的表现，顾比均线的长期组合均线在股价回调的过程中已经走平，但还未向下转向。短期组合均线则在下跌后又跟随股价快速回升，并向上发散，与短期入场线结合形成了明显的买入信号，投资者可在股价突破短期入场线时积极买进。

第5章

[　　　江恩八线快速定位操作点　　　]

　　江恩八线是通过对威廉·江恩创建的江恩理论的研究，再结合均线理论设计出的一个指标。江恩八线的出现，将部分江恩理论直接转化为买卖点，方便投资者理解与使用，是一个实战性非常强的均线型指标。

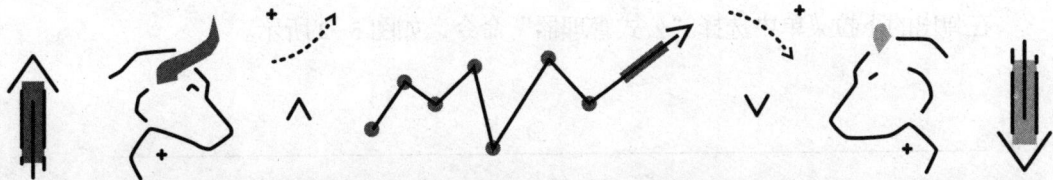

5.1 初识江恩八线

江恩八线主要由九条均线构成，分别是一号线到八号线，以及一条工作线，如图 5-1 所示。

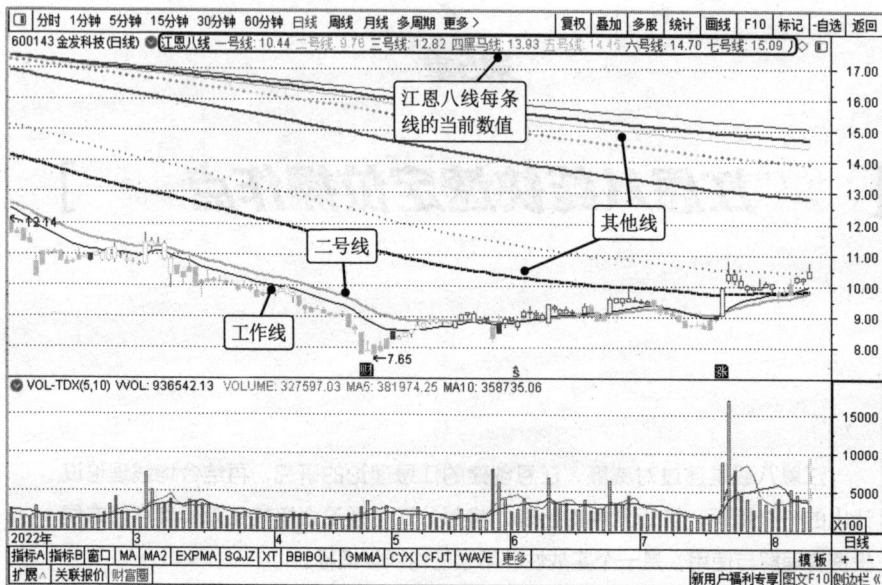

图 5-1 K 线图中的江恩八线

其中，最贴近股价的是工作线，其次就是二号线，这两条线在江恩八线中最为敏感，反应也最快。尤其是工作线，是江恩八线中用于研判买卖点的关键依据。

5.1.1 江恩八线的指标设置

由于江恩八线并不属于炒股软件的系统指标，因此也不会收录在指标系统中，投资者需要自行寻找指标代码，并将其添加到指标系统中。

首先，打开任意个股的 K 线图，单击上方工具栏中的"公式"菜单项，在弹出的下拉菜单中选择"公式管理器"命令，如图 5-2 所示。

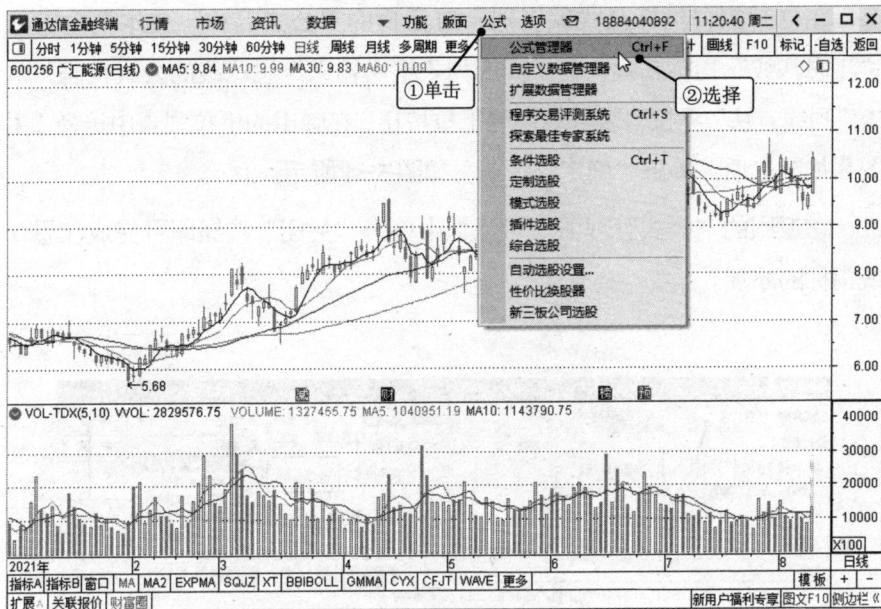

图 5-2　公式管理器的调用

　　在打开的公式管理器对话框的左侧选择"均线型"选项，在右侧单击"新建"按钮，如图 5-3 所示。

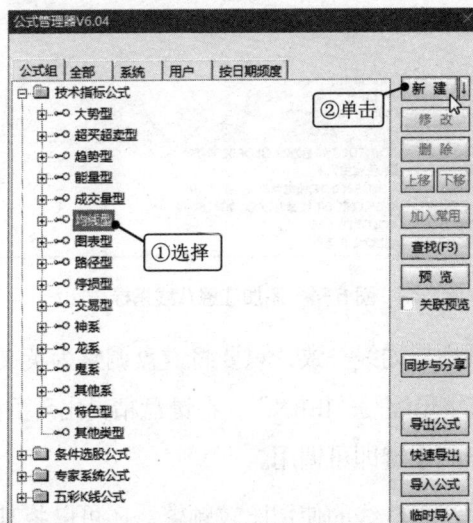

图 5-3　进入公式编辑器

在打开的"指标公式编辑器"对话框的"公式名称"文本框中输入"江恩八线"指标名称，在中间的列表框中输入江恩八线的公式代码，单击"画线方法"下拉列表框右侧的下拉按钮，在弹出的下拉列表中选择"主图叠加"选项，单击"确定"按钮，如图 5-4 所示。

在返回的"公式管理器"对话框中单击"关闭"按钮即可完成江恩八线指标的添加。

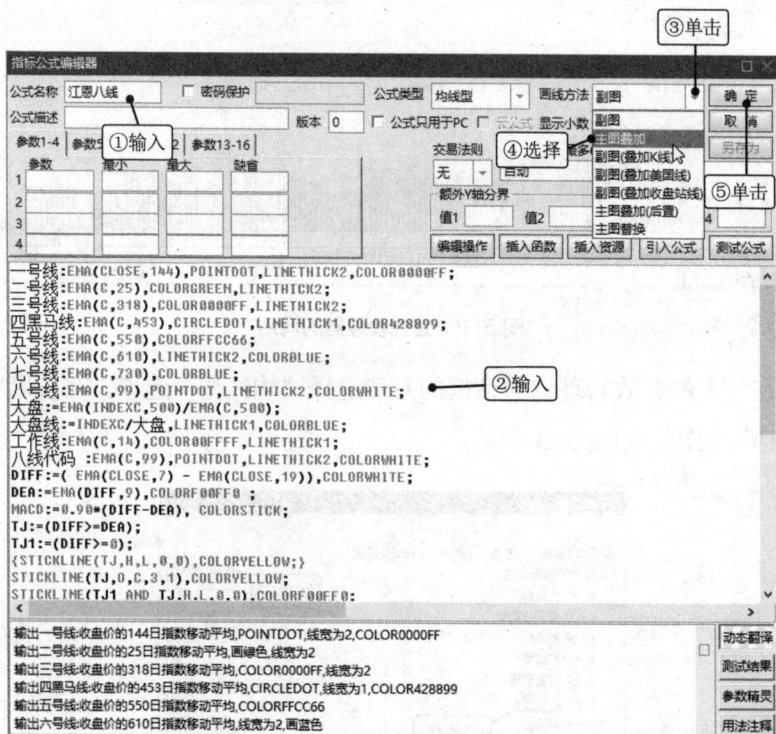

图 5-4 添加江恩八线指标

江恩八线的调用与均线一致，只要将键盘调整为英文输入模式，直接输入江恩八线的首字母缩写"JEBX"，在键盘精灵出现后选择"江恩八线"选项，或是按【Enter】键即可调用。

如果投资者对江恩八线的使用比较频繁，还可以将其添加到指标窗口下方的指标栏中，这样就可以快捷调用，具体的操作方式这里不再详述，感兴趣的投资者可以自行搜索设置。

5.1.2　指标修正后的不同代码

由于江恩八线的指标代码并不是严格规定的，其中的指标线颜色、数据等都可以进行适当修改，因此，江恩八线也出现了许多修正过的公式代码，每种公式代码展现出的效果都有所不同，下面就来展示两种常见的代码及其表现。

第一种改进后的代码：

一号线 :EMA(CLOSE,144)COLORGREEN;

工作线 :EMA(CLOSE,14),COLORGREEN;

二号线 :EMA(CLOSE,25)COLORGREEN;

三号线 :=EMA(CLOSE,318)COLORGREEN;

生命线 :EMA(CLOSE,453),CIRCLEDOT,COLORGREEN;

五号线 :=EMA(CLOSE,550);

六号线 :=EMA(CLOSE,610);

七号线 :=EMA(CLOSE,730);

八号线 :=EMA(CLOSE,888);

九号线 :EMA(CLOSE,99),COLORGREEN,CROSSDOT;

A1X:(工作 −REF(工作 ,1))/REF(工作 ,1)*100,NODRAW;

A2X:(生命 −REF(生命 ,1))/REF(生命 ,1)*100,NODRAW;

A3X:(一号 −REF(一号 ,1))/REF(一号 ,1)*100,NODRAW;

A4X:(九号 −REF(九号 ,1))/REF(九号 ,1)*100,NODRAW;

IF(A1X>=0, 工作 ,DRAWNULL),COLORRED,LINETHICK2;

IF(A2X>=0, 生命 ,DRAWNULL),COLORRED,CIRCLEDOT;

IF(A3X>=0, 一号 ,DRAWNULL),COLORRED,LINETHICK2;

IF(A4X>=0, 九号 ,DRAWNULL),COLORRED,CROSSDOT;

其展示效果如图 5-5 所示。

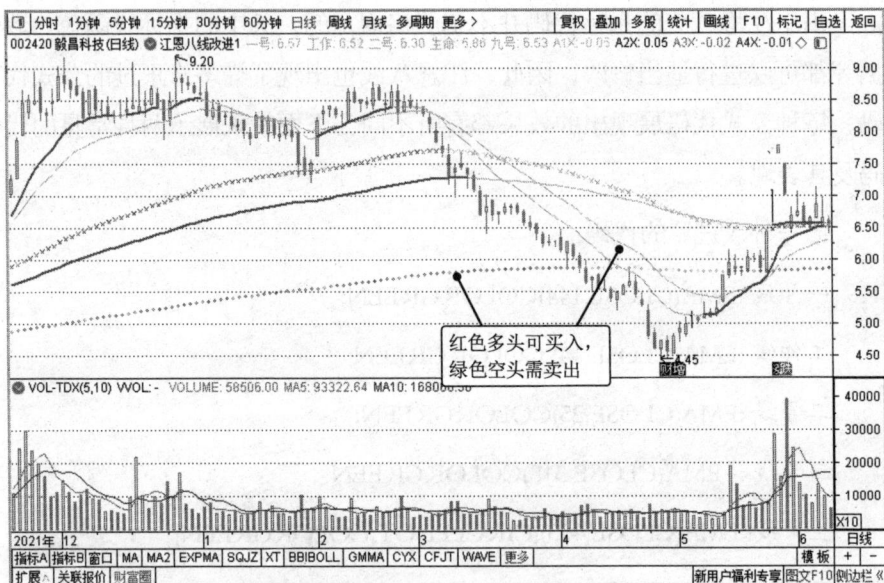

图 5-5　第一种代码的展示效果

第二种改进后的代码：

一号线 :EMA(CLOSE,144);

工作线 :EMA(CLOSE,14),COLORRED;

二号线 :EMA(CLOSE,25);

三号线 :EMA(CLOSE,318);

生命线 :EMA(CLOSE,453),COLORRED,LINETHICK2;

五号线 :EMA(CLOSE,550);

六号线 :EMA(CLOSE,610);

七号线 :EMA(CLOSE,730);

八号线 :EMA(CLOSE,888);

九号线 :EMA(CLOSE,99),COLORGREEN;

DIFF:=(EMA(CLOSE,7) − EMA(CLOSE,19));

DEA:=EMA(DIFF,9);

MACD:=0.90*(DIFF−DEA);

TJ:=(DIFF>=DEA);

TJ1:=(DIFF>=0);

STICKLINE(TJ,H,L,0.5,0),COLORYELLOW;

STICKLINE(TJ,O,C,4,0),COLORYELLOW;

STICKLINE(TJ1 AND TJ,H,L,0.5,0),COLORF00FF0;

STICKLINE(TJ1 AND TJ,O,C,4,1),COLORF00FF0;

STICKLINE(DIFF<DEA,H,L,0.5,0),COLORF0F000;

STICKLINE(DIFF<DEA,O,C,4,0),COLORF0F000;

VAR1:=(CLOSE*2+HIGH+LOW)/4;

SK:= EMA(VAR1,13)−EMA(VAR1,73);

SD:= EMA(SK,2);

DRAWTEXT((CROSS(SK,SD) AND SK<−0.04 AND (C−REF(C,1))/
REF(C,1)>=0.03) OR (CROSS(SK,SD) AND SK<=−0.14)

OR (CROSS(SK,SD) AND SK<=0.05 AND (V/MA(V,5)>2 OR C/
REF(C,1)>0.035)) ,L*0.99,' 短线 '),COLORGREEN;

STICKLINE((CROSS(SK,SD) AND SK<−0.04 AND (C−REF(C,1))/
REF(C,1)>=0.03) OR (CROSS(SK,SD) AND SK<=−0.14)

OR (CROSS(SK,SD) AND SK<=0.05 AND (V/MA(V,5)>2 OR C/REF(C,1)
>0.035)),H,L,0.5,0),COLORRED;

STICKLINE((CROSS(SK,SD) AND SK<-0.04 AND (C-REF(C,1))/ REF(C,1)>=0.03) OR (CROSS(SK,SD) AND SK<=-0.14)

OR (CROSS(SK,SD) AND SK<=0.05 AND (V/MA(V,5)>2 OR C/REF(C,1)>0.035)),O,C,10,1),LINETHICK3,COLORRED;

其展示效果如图 5-6 所示。

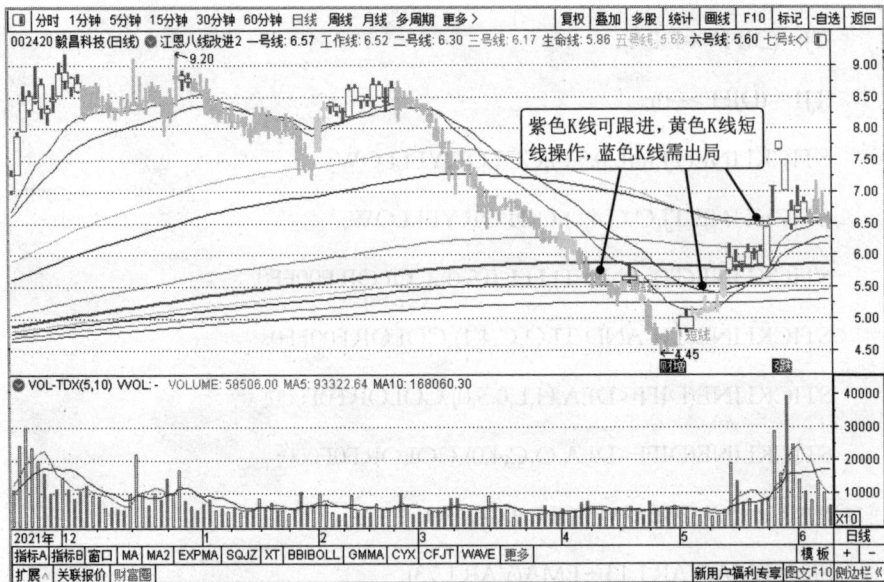

图 5-6 第二种代码的展示效果

这两种改进公式各有特色，对买卖点的判断标准也有所不同，投资者可根据自身需求选用。

5.2 江恩八线中工作线的应用

江恩八线中的工作线，一般选用的是 14 日均线，是江恩八线中极为重要的一条研判线，能够为投资者提供可靠的买卖依据。

5.2.1　股价上穿工作线

工作线奉行"线上工作，线下休息"的原则，其中，"线上工作"指的是股价处于工作线之上时，可以择机买进。而当股价上穿工作线时，就是一个绝佳的买点，其示意图如图 5-7 所示。

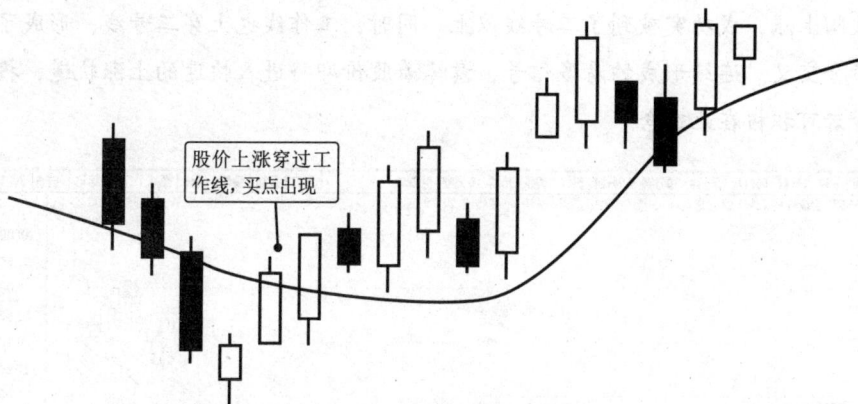

股价上涨穿过工作线，买点出现

图 5-7　股价上穿工作线

如果在股价上穿工作线的同时，工作线也与二号线之间形成向上的金叉，那么这一处的买入信号将更为可靠，股价的上涨潜力可能会相应扩大，投资者可大胆建仓。

下面来看一个具体的案例。

实例分析

金盘科技（688676）股价上穿工作线分析

图 5-8 所示为金盘科技 2022 年 3 月到 7 月的 K 线图。

从 K 线图中可以看到，金盘科技正处于下跌趋势转向上涨的过程中。2022 年 3 月下旬到 4 月，股价还在工作线下呈下跌状态，直到 4 月底，股价创出 13.50 元的新低后，便开始了缓慢的回升。

进入 5 月后，股价在逐步上扬的过程中成功上穿工作线，并在后续的交易日中站在了其上方。

但在此期间，股价也运行到了二号线附近，进入了二号线与工作线构成的箱体之间。工作线在提供支撑力的同时，二号线形成了一定的压制作用，导致股价迟迟无法有效突破二号线，也就无法加快涨速。激进的投资者可在此处建仓试探，谨慎的投资者则可以继续等待。

这样的僵持走势一直持续到了6月初，股价终于在成交量的支持下大幅收阳上涨，成功突破到了二号线以上。同时，工作线也上穿二号线，形成了黄金交叉。连续形成的看多信号，意味着股价即将进入快速的上涨轨道，投资者可积极在此建仓。

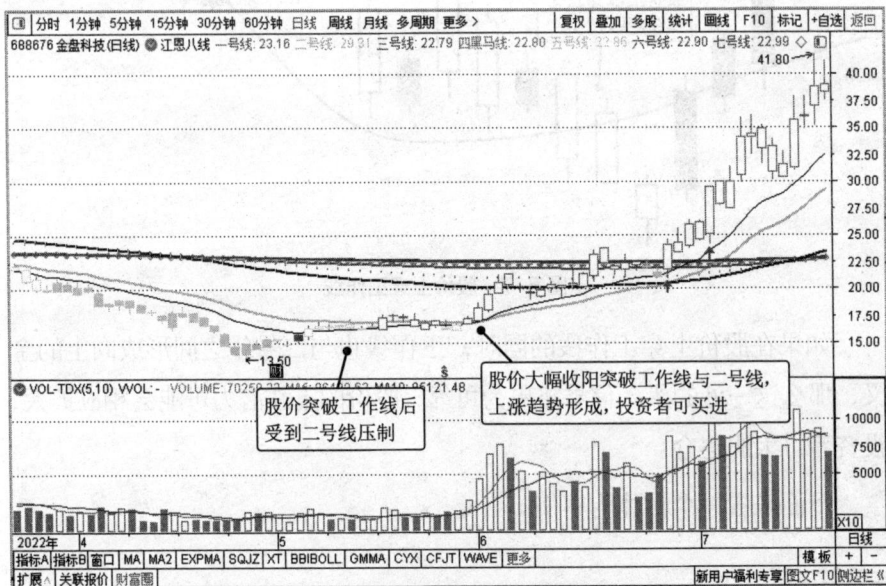

图5-8　金盘科技2022年3月到7月的K线图

5.2.2　股价击穿工作线

股价向下击穿工作线的形态，对应的就是"线下休息"的原则了，这也意味着股价将进入看空阶段。

当股价运行到工作线以下，同时工作线也下穿二号线形成死亡交叉时,卖出信号就会比较明确,投资者需及时撤离,其示意图如图5-9所示。

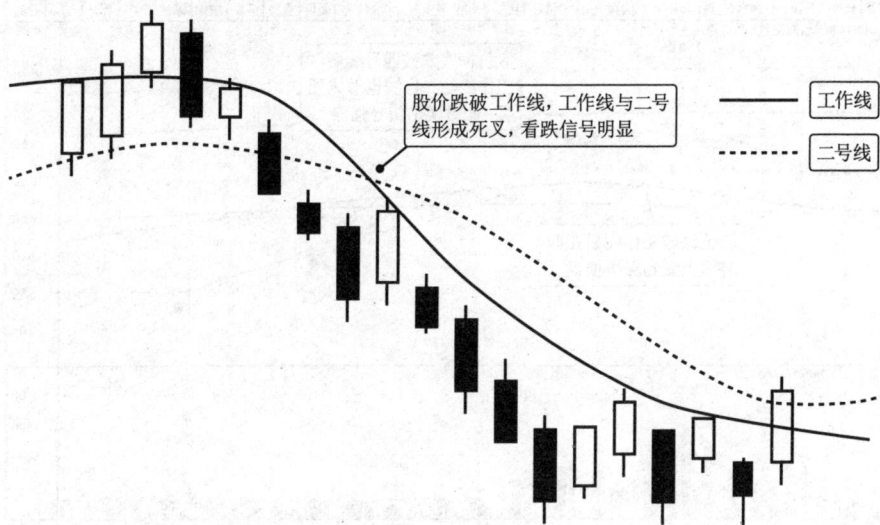

股价跌破工作线,工作线与二号线形成死叉,看跌信号明显

工作线
二号线

图 5-9　股价下穿工作线

下面来看一个具体的案例。

实例分析

赛为智能（300044）股价击穿工作线分析

图 5-10 所示为赛为智能 2020 年 9 月到 2021 年 1 月的 K 线图。

从 K 线图中可以看到,赛为智能正处于上涨趋势向下跌趋势转变的过程中。在 2020 年 10 月期间,股价还在进行震荡上涨。10 月下旬,该股创出 9.84 元的新高,随后便出现了下跌。

数个交易日后,股价便跌破了工作线,但很快又在四号线上受到了支撑,随后被限制在四号线与二号线的箱体之间,进行横向盘整。不过在此期间,股价已经运行到工作线以下,发出了卖出信号,谨慎的投资者可以在盘整期间快速离场。

11 月中旬,股价再度收阴快速下跌,跌破了四号线的支撑,并带动工作线彻底下穿二号线,形成了死亡交叉。此时,形态的卖出信号更强烈了,惜售的投资者也要尽快出局。

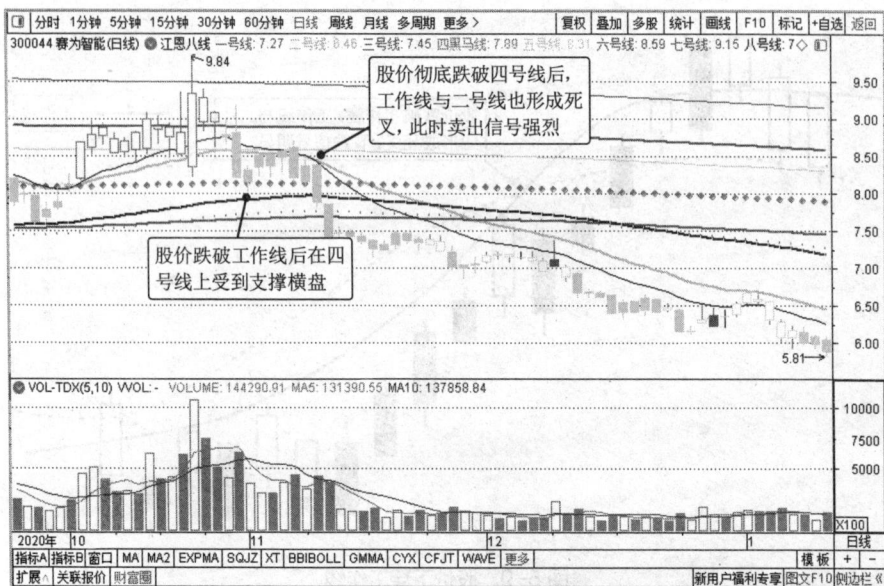

图 5-10　赛为智能 2020 年 9 月到 2021 年 1 月的 K 线图

5.2.3　线上阴线买

　　线上阴线买指的是股价运行到工作线以上时，某一个交易日或连续数个交易日突然收阴下跌，在股价回调靠近工作线时，会发出极为强烈的买入信号，其示意图如图 5-11 所示。

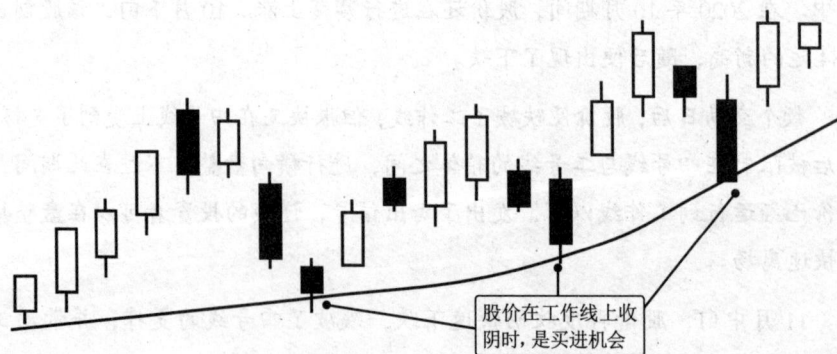

图 5-11　线上阴线买

投资者在发现股价的线上收阴后，即便是买错也要买，这是江恩八线的操作原则之一。不过，买入的前提是股价并未跌破工作线，而是主动靠近，整体还是位于工作线以上。

下面来看一个具体的案例。

实例分析

永东股份（002753）线上阴线买进分析

图 5-12 所示为永东股份 2021 年 4 月到 7 月的 K 线图。

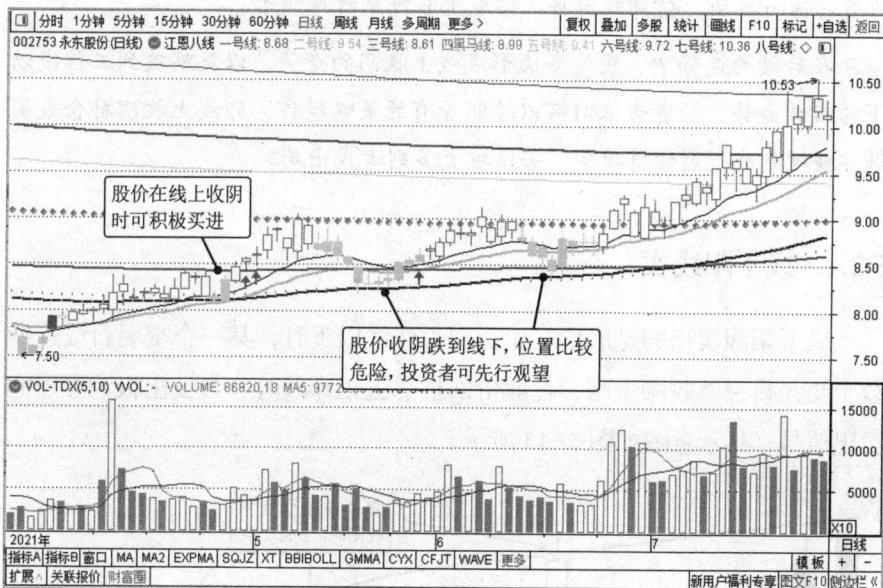

图 5-12　永东股份 2021 年 4 月到 7 月的 K 线图

从 K 线图中可以看到，永东股份正处于上涨阶段之中。从 3 月底开始，股价就出现了上涨，并一路突破了工作线和二号线，运行到了其上方。

在股价上涨的过程中，多次出现了收阴下跌的走势。但比较明显的回调则形成于 4 月底，股价突然收出一根跌幅达到 2.51% 的阴线，靠近了工作线，并在次日出现了小幅跌破。

此时，股价已经跌到了工作线以下，但受到了二号线的支撑，当日形成的小阴线基本上处于二号线与工作线形成的箱体内部，上涨趋势还是存在的。因此，投资者可以趁此机会积极建仓。

在后续的走势中，股价多次在线上收阴，每一次收阴都是加仓和入场的机会。5月中旬，股价再次形成了一次明显的下跌走势，K线在连续收阴后接连跌破了工作线和二号线，运行到了其下方。

此时，股价虽然在收阴，但整体已经落到了工作线以下，尽管受到了一号线的支撑，但毕竟距离工作线已经比较远了，后市有下跌的可能。投资者可暂时保持观望，待到股价再次形成上涨迹象时再加仓。

在后续的走势中，股价多次形成线上收阴的走势，以及跌破到工作线以下的回调走势。投资者依旧可以按照原有的策略操作，即线上收阴补仓或买进，跌破到线下则保持观望，若跌破太多则考虑出局。

5.2.4　线下阳线卖

线下阳线卖指的是股价在运行到工作线以下时，某一个交易日或连续数个交易日突然收阳上涨，在股价回抽靠近工作线时，会发出极为强烈的卖出信号，其示意图如图5-13所示。

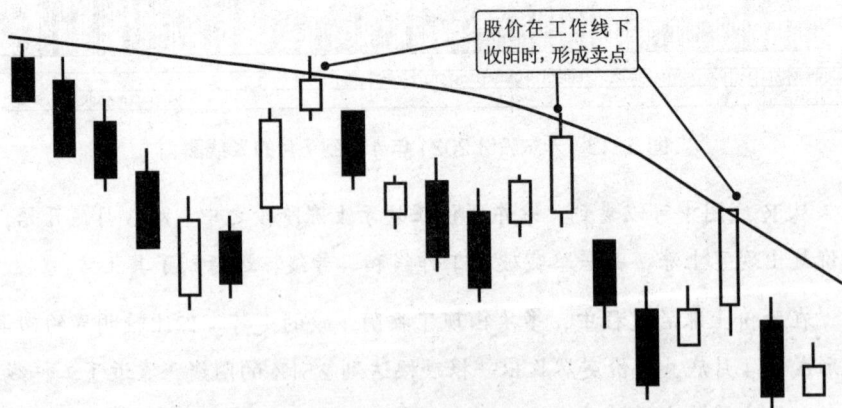

图5-13　线下阳线卖

只要股价没有突破工作线，那么回抽的位置就算卖错也要卖，这一点
与线上阴线买是一样的。

不过，一旦股价出现突破工作线并继续上涨的走势，那么后市可能会
迎来一波反弹，但反弹的幅度尚未探明。在这种时候，投资者可保持观望，
待到股价出现下跌迹象时就立刻卖出。

下面来看一个具体的案例。

实例分析

南兴股份（002757）线下阳线卖出分析

图 5-14 所示为南兴股份 2020 年 10 月到 2021 年 2 月的 K 线图。

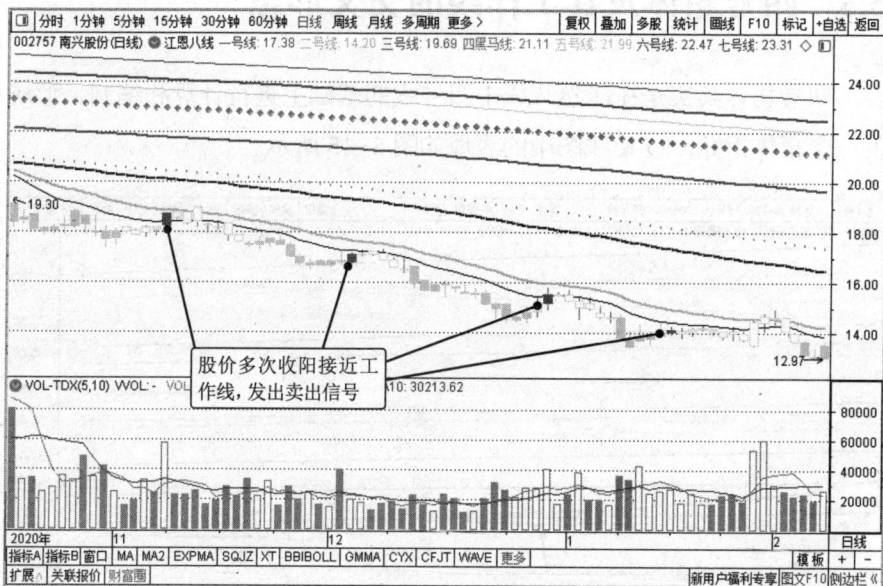

图 5-14　南兴股份 2020 年 10 月到 2021 年 2 月的 K 线图

从 K 线图中可以看到，南兴股份正处于下跌行情之中。从 2020 年 10 月
开始，股价就在不断下跌，整体处于工作线以下，并且还同时受到江恩八线
箱体的压制。

在股价下跌的过程中，K线收出了多根阳线。比较明显的一次是在11月上旬，股价在阳线的推动下主动向着工作线靠拢，形成回抽走势。

11月9日，该股以3.59%的涨幅收阳，股价小幅突破工作线，不过很快便在二号线附近受到了阻碍，逐步向下转向，回到下跌之中。此时，投资者基本上可以判断出后市还会继续下跌，那么此处的收阳突破就是很好的卖点。

在后续的走势中，股价多次在线下收阳，反复形成离场信号。其中比较明显的是在2020年12月初、12月底及2021年1月中旬这几处，并且这几次收阳都未能成功突破工作线，卖出信号明显。

5.3 四号箱体及其工作线的交叉形态

四号箱体其实是在江恩八线中四号线的基础上进行计算和编制，形成的一个箱体指标，在K线图中的表现如图5-15所示。

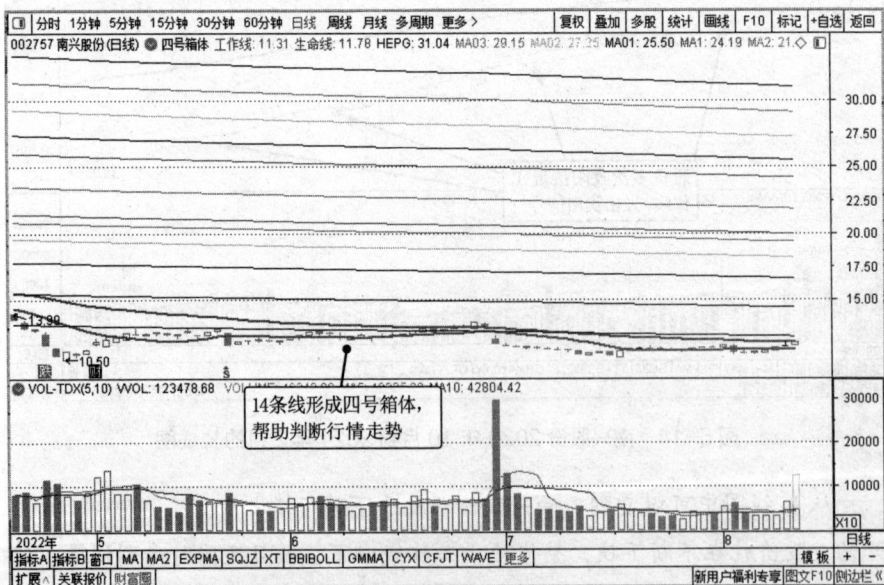

图5-15 K线图中的四号箱体

四号箱体的公式代码如下所示，投资者可参考使用。

工作线 :MA(CLOSE,14),COLORRED,LINETHICK2;

生命线 :EMA(CLOSE,50),COLORBLUE,LINETHICK2;

HEPG:EMA(CLOSE,453)*2.13,COLORBLACK;

MA03:EMA(CLOSE,453)*2.00,COLORFF00FF;

MA02:EMA(CLOSE,453)*1.87,COLOR00FF00;

MA01:EMA(CLOSE,453)*1.75,COLORBLACK;

MA1:EMA(CLOSE,453)*1.66,COLORFF0000;

MA2:EMA(CLOSE,453)*1.50,COLORFF00FF;

MA3:EMA(CLOSE,453)*1.37,COLORBLUE;

MA4:EMA(CLOSE,453)*1.33,COLORFF00FF;

MA5:EMA(CLOSE,453)*1.25,COLOR00FF00;

MA6:EMA(CLOSE,453)*1.14,COLORBLACK;

MA7:EMA(CLOSE,453)*0.99,COLORBLACK;

MA8:EMA(CLOSE,453)*0.84,COLORBLACK;

在江恩八线中，四号线又被称为"黑马线"，它的本质是 453 日均线，是江恩八线中非常关键的一条均线，也是投资者在操作中寻找黑马时重点参考的一条均线。而四号箱体除了工作线和生命线以外，其他所有线都以四号线为基础设定。

箱体中一共有 14 条线，其中工作线和生命线是最贴近股价的两条线，也是四号箱体中最为关键的两条研判线。二者与箱体之间的位置关系和交叉形态，能够帮助投资者有效判断合适的买卖时机，下面就来对这些形态进行具体分析。

5.3.1 下跌箱体中的卖出点

下跌箱体指的是股价在进入下跌行情后，四号箱体同步覆盖在股价上方，并全部向下转向，形成强力的压制作用。

在下跌箱体形成过程中，整个四号箱体对股价的压制力非常强。一般来说，如果没有足够的推动力，股价很难彻底突破箱体。不过，以反弹走势突破工作线或生命线，乃至上方的数条箱体线，还是比较常见的。

但要突破整个箱体，到达箱体上方，股价需要进行长时间的动能累积和持续不断的爆发，不过这样的走势并不常见。

因此，在下跌箱体形成后，只要股价产生反弹，在工作线或是生命线附近受阻下跌，甚至连续上涨越过数条箱体线，再出现受阻下跌迹象时，投资者就要迅速卖出了。

下面来看一个具体的案例。

实例分析

蓝黛科技（002765）下跌箱体中的卖点分析

图 5-16 所示为蓝黛科技 2017 年 6 月到 2018 年 2 月的 K 线图。

从 K 线图中可以看到，蓝黛科技正处于下跌行情之中。2017 年 6 月到 7 月，股价都在震荡中快速下跌，整体基本上被压制在工作线以下。与此同时，四号箱体也在向下运行，下跌箱体出现。

8 月上旬，股价在 10.00 元价位线下方的不远处止跌横盘，数日后就形成了回升走势。8 月中旬，股价成功上穿工作线，在生命线附近受阻后小幅下滑，但最终还是越过了生命线，运行到其上方，并带动工作线上穿生命线，形成了一个金叉。

这样的走势意味着股价正在进行一次幅度较大的反弹，其顶部就可以作为很好的出货点，被套投资者和短线买进的投资者需要对其保持关注。

9 月底，股价在成交量的支撑下快速上涨，接连突破了四号箱体中的

MA8 和 MA7 两条线。加上被突破的工作线和生命线，股价此次已经越过了
箱体中的 4 条线，反弹幅度属于比较大的了。

虽然股价在小幅越过 MA7 这条线后就出现了冲高回落走势，但如果投
资者卖出及时，还是能够抓住这一段涨幅的，被套投资者也能实现一定程度
的止损。

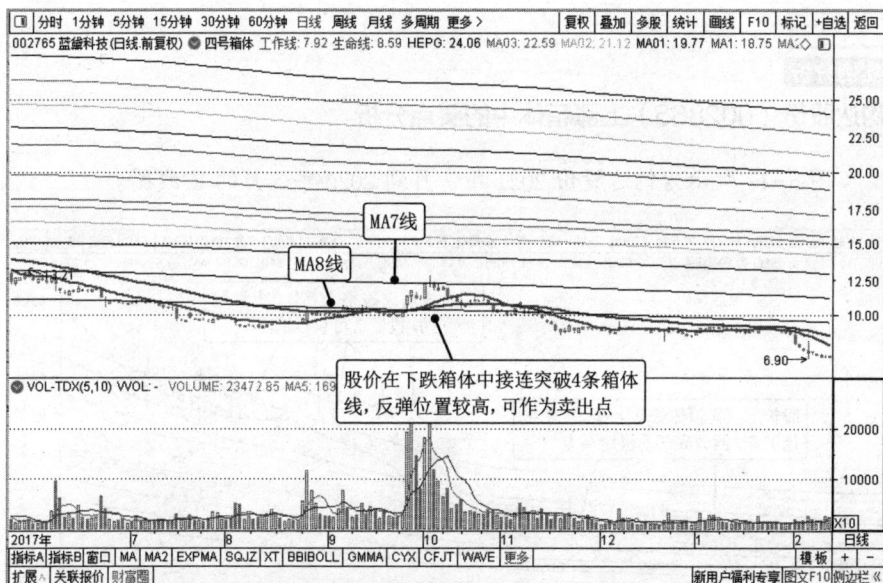

图 5-16　蓝黛科技 2017 年 6 月到 2018 年 2 月的 K 线图

5.3.2　上涨箱体中的买入点

上涨箱体与下跌箱体对应，具体指的是股价在上涨过程中将箱体扭转
向上，部分箱体线承托在股价下方，部分箱体线则依旧在股价上方运行，
并随着股价的不断上涨被接连上穿。

上涨箱体的形成，与股价的强势拉升是分不开的。由于四号箱体的基
础四号线时间周期长达 453 日，所以，除了工作线和生命线以外其他 12 条
箱体线是很难被扭转的。

不过，一旦整个箱体被扭转向上，就意味着股价出现了积极稳定的上涨，在未来的较长一段时间内，股价都可能维持着这样的走势。

因此，当股价将箱体扭转向上，并且出现回踩迹象，在工作线、生命线或是其他箱体线上受到支撑时，回踩的底部就是很好的买入点。

下面来看一个具体的案例。

实例分析

钧达股份（002865）上涨箱体中的买点分析

图 5-17 所示为钧达股份 2021 年 7 月到 2022 年 3 月的 K 线图。

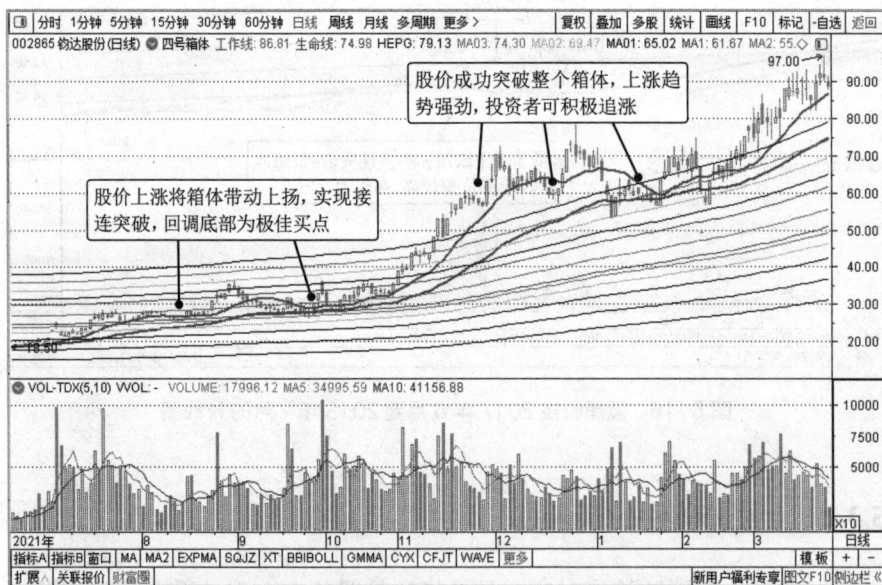

图 5-17　钧达股份 2021 年 7 月到 2022 年 3 月的 K 线图

从 K 线图中可以看到，钧达股份正处于上涨行情之中。在 2021 年 6 月以前，股价还在低位横向盘整，直到 6 月中旬之后才开始快速上升，在接连突破工作线和生命线后，带动整个四号箱体加大了上扬角度。

在后续的上涨走势中，股价在 7 月中旬到 8 月中旬经历了一次横盘回调，被动向工作线靠近。二者在相遇后形成了交叉，不过股价最终还是在工作线的支撑下继续上涨。在涨势确定的情况下，其回调低位成了很好的买点。

在随后的数月时间内，股价又进行了数次回调和震荡，基本上都在工作线和生命线上受到支撑。伴随着股价的波动上涨，四号箱体中的多条箱体线都被成功突破，箱体的上扬角度愈发增大，反映出上涨趋势的坚定和积极，投资者可以大胆加仓或买进。

11 月以后，股价的涨速突然加快，迅速上扬并向上远离了工作线，说明了其短时间内涨势的强劲。11 月中旬，股价成功突破了四号箱体的所有箱体线，运行到整个箱体的上方。

突破了以黑马线为基础设定的箱体，这意味着该股也成了一匹实力强劲的黑马。再加上股价在突破箱体后还进行了回踩，并在箱体顶部的箱体线上受到了支撑，更加证明了上涨趋势的延续，投资者更要积极在回踩底部加仓或追涨入场。

5.3.3　震荡箱体中的短线操作

震荡箱体指的不是四号箱体发生震荡，而是股价在运行的过程中形成横向或是缓慢向上、向下的震荡走势，导致四号箱体形成了几乎平移的走势。

在震荡箱体形成时，股价受到大量箱体线不同的支撑和压制作用，导致运行方向难以辨明，不适合中长线投资者操作。但对于快进快出的短线投资者来说，还是有一定操作空间的。

在股价震荡过程中，工作线和生命线将起到关键的研判作用，股价对这两条线的突破和跌破，将成为短线投资者进出场的依据。同时，其他箱体线也会起到一定的判断作用，投资者可视具体情况而定。

下面来看一个具体的案例。

实例分析

中通客车（000957）震荡箱体中的操作分析

图 5-18 所示为中通客车 2020 年 4 月到 2021 年 1 月的 K 线图。

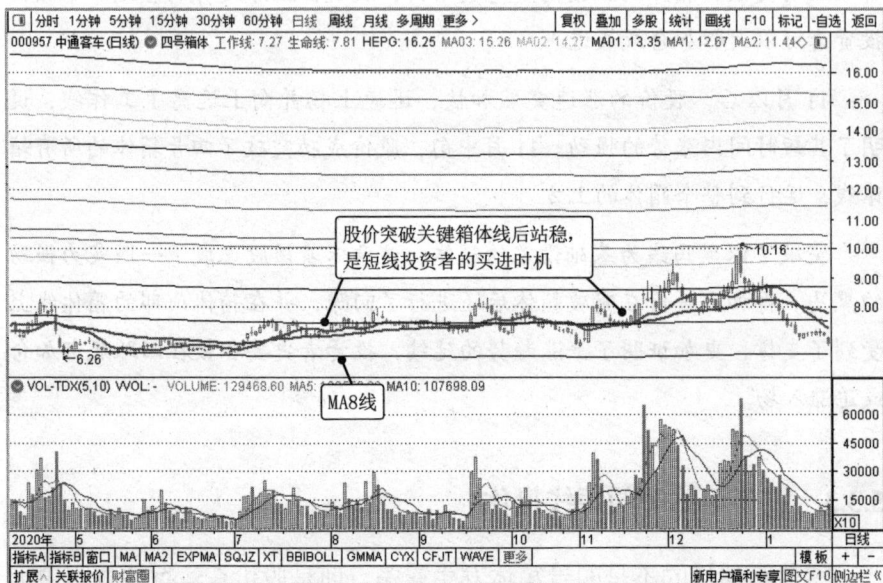

图 5-18　中通客车 2020 年 4 月到 2021 年 1 月的 K 线图

从 K 线图中可以看到，中通客车正处于一段震荡走势中。在 2020 年 4 月期间，股价经历了上涨后的下跌，滑落到了工作线和生命线以下，但很快便受到了 MA8 线的支撑，开始横盘波动。

股价在横盘的这段时间内，与工作线之间产生了多次交叉，但始终没能在工作线上方站稳并上涨，生命线又形成了一定的压制作用。因此，这一段走势并不适合操作，短线投资者还应保持观望。

直到 6 月底 7 月初，股价终于在成交量的支撑下快速上涨，成功突破工作线和生命线，并在回踩后在两条线上方站稳，短线投资者可以抓住机会买进了。

在后续的走势中，虽然股价的涨速不快，但整体还是上扬的，短线投资者可在盈利到达一定程度后卖出，不一定非要等到股价出现下跌。

这样的走势一直持续到了 10 月底，股价再度跌到工作线和生命线以下。但在 11 月初，股价又一次形成快速上涨的走势，突破两条关键箱体线后回踩站稳，再次向投资者发出了强烈的买进信号。短线投资者依旧可以按照前面的策略进行操作，将这一段反弹收入囊中。

5.3.4　工作线与箱体顶部的死叉

工作线与箱体顶部形成死叉的前提是股价已经经历了一波快速或长时间的拉升，并且最终突破整个四号箱体，站到其上方。工作线与箱体的死叉是股价见顶下跌并跌破工作线后，带动工作线向下转向并跌破箱体最顶部形成的。

当工作线跟随股价下跌并与箱体顶部形成死叉时，就意味着股价将进入一波下跌，短时间内的下跌趋势可能还比较急促，属于明确的看跌信号，短线投资者需要立即卖出。

对于中长线投资者来说，就算死叉形成后股价不一定直接转势进入下跌行情，但后期的下跌幅度依旧是比较大的。为避免判断失误，也为了避开后市的下跌，建议中长线投资者也跟随出局。

下面来看一个具体的案例。

实例分析

东方盛虹（000301）工作线与箱体顶部的死叉分析

图 5-19 所示为东方盛虹 2021 年 7 月到 2022 年 1 月的 K 线图。

从 K 线图中可以看到，东方盛虹正处于上涨行情向下转势的过程中。2021 年 6 月到 7 月，股价还在进行一波快速的上涨，K 线从箱体内部突破到箱体上方，直至站稳。

7 月下旬，股价在 30.00 元价位线下方受阻，开始了下跌。数日后，股价跌破了工作线的支撑，并带动工作线转向下方，向着箱体顶部靠近。

进入 8 月，股价小幅跌破了箱体顶部，但很快便在生命线上方受到了支撑，迅速回升到箱体上方。工作线受到股价回升的影响，并未彻底跌破箱体顶部，而是在靠近并接触到顶部的箱体线后拐头上升，再次承托股价进入了又一波上涨之中。

这一次股价的回调幅度不大，并且很快又回到了上涨行情之中，如果短线投资者已经卖出持股，那么还可以在股价重新回升的位置再次买进。

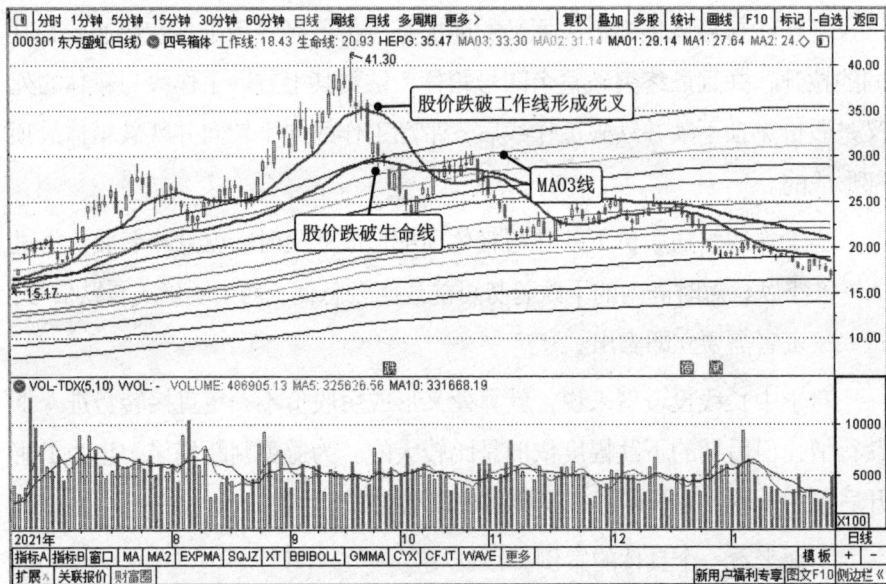

图 5-19 东方盛虹 2021 年 7 月到 2022 年 1 月的 K 线图

继续来看后面的走势，股价的这一波上涨一直到达了最高 41.30 元的位置，随后冲高回落，开始了急促的下跌。短短数日后，股价就跌破了工作线，并带动其拐头向下。9 月底，股价接连跌破箱体顶部和生命线，随后一路下滑，导致工作线紧随其后跌破了箱体顶部，形成一个死叉。

由于股价的跌速过快，工作线在跌破箱体顶部后数日，又跌破了生命线，形成又一个死叉，卖出信号非常强烈。不过，此时股价已经出现了反弹走势，急于卖出的投资者可以再等等。

10 月下旬，股价反弹小幅突破了生命线，但很快受到了 MA03 线的压制，横盘数日后拐头下跌。此时，股价的下跌行情走势已经比较明确了，不仅跌破了箱体顶部，还在回抽后确认了上方的压力，无论是短线投资者还是中长线投资者，都要抓紧时间出局。

5.3.5　工作线与箱体底部的金叉

工作线与箱体底部的金叉是股价在经历长时间或大幅度下跌后运行到整个箱体的下方，触底回升并突破工作线后，带动工作线向上转向并突破箱体最底部形成的。

与股价下跌导致工作线与箱体形成死叉不同，股价上涨所需的动能和难度，比滑坡式的下跌要大很多。也就是说，股价在上涨并带动工作线突破箱体底部后，未必会形成大幅上涨。

对于短线投资者来说，股价上涨幅度的多少并不影响自己的操作。但中长线投资者就要有所考量了，如果打算长期持有，并在金叉出现后买进，最后发现股价只上涨了一段距离就回落了，无疑会大大影响自己的收益和策略。

因此，中长线投资者在发现金叉出现后，可以不着急买进，先观望一段时间，待到股价反复在箱体内部回踩确认支撑力，并接连上涨，涨势确定的时候，就可以大胆买进了。

下面来看一个具体的案例。

实例分析

华正新材（603186）工作线与箱体底部的金叉分析

图 5-20 所示为华正新材 2018 年 11 月到 2019 年 9 月的 K 线图。

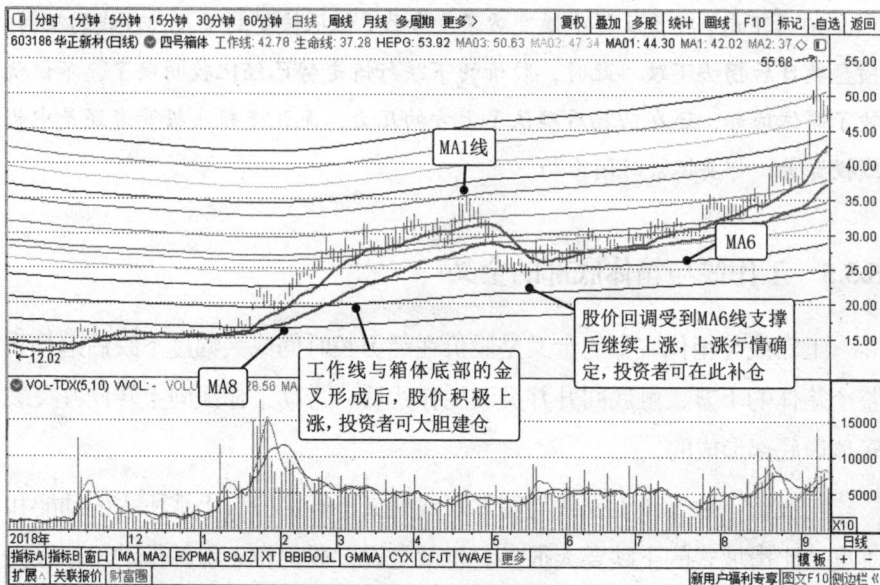

图 5-20　华正新材 2018 年 11 月到 2019 年 9 月的 K 线图

从 K 线图中可以看到，华正新材正处于上涨行情的初始位置。从 2018 年 10 月中旬开始，股价就从底部回升，开始了上涨走势。

11 月中旬，股价上涨突破了工作线和生命线，并带动两条线形成了金叉。但在此之后，股价便受到了箱体底部 MA8 线的压制，整体被限制在生命线与 MA8 线之间窄幅波动。

直到 2019 年 1 月中旬，股价才在成交量的放量支撑下快速上涨，成功突破了箱体底部，并在后续带动工作线和生命线相继突破箱体底部，形成了明显的金叉，发出买入信号。短线投资者此时可快速入场，谨慎的中长线投资者还需要再观望一段时间。

从后续的走势可以看到，股价在进入箱体后势如破竹，接连向上突破除工作线和生命线以外的 7 条箱体线，于 4 月中旬，在 MA1 线下方受阻，结束了这一波上涨。

在此期间，股价多次进行回踩并确认支撑力，虽然回踩的幅度都不大，但这也正是股价涨势积极的证明，中长线投资者完全可以在此期间追涨买进。

4 月下旬，股价在受压后开始下跌，在接连跌破工作线和生命线后，受到了 MA6 线的支撑。

在该价位线附近横盘一段时间后，股价便开始了又一波快速的上涨。这样的走势无疑确定了上涨行情的形成，那么其低位就成了投资者的入场点和补仓点。

5.4 结合江恩角度线的操作

江恩角度线也被称作甘氏线，是由江恩理论的创始人威廉·江恩发明的，一般用来表现支撑与阻力，可为投资者提供股价支撑和阻力的一个区间参考。

不过，由于江恩角度线涉及的数学模型和编制方式非常复杂，对于普通投资者来说，深入了解其原理和内涵没有太大的必要。正因如此，炒股软件上一般都会直接在画线工具中配备江恩角度线，如图 5-21 所示。打开画线工具后，单击"江恩角度线"按钮即可进行画线。

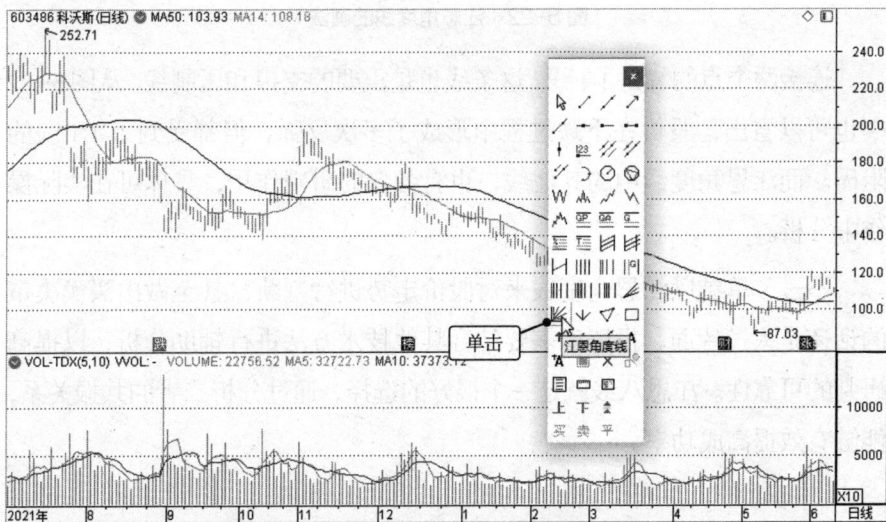

图 5-21 画线工具中的江恩角度线

在江恩角度线的画法中，最为通用的一种便是以波段的重要低点或是高点为起点，再以另外一个重要的低点或者是高点为第二点。投资者在画线工具中选择江恩角度线后，拖动鼠标光标将两个点连接，就形成了江恩角度线，如图 5-22 所示。

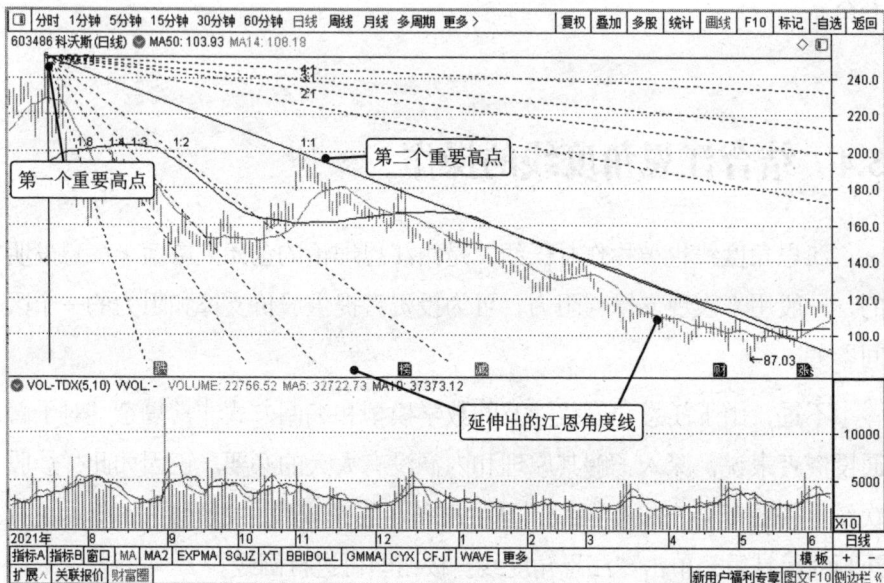

图 5-22　江恩角度线的画法

连接两个点的线是 1:1 线，这条线也是重要的支撑和压制线。从图 5-22 中也可以看出，股价在下跌过程中形成了多次反弹，但都受到了 1:1 线的阻碍。而江恩角度线中的其他线，也有各自的研判作用，具体可在实际操作中分析。

不过，单纯以江恩角度线来对股价走势进行判断，甚至做出买卖决策的话还是太过片面，投资者需要结合其他技术方法进行辅助分析，以提高研判的可靠性。江恩八线就是一个很好的选择，通过分析二者的共振关系，能够有效提高成功率。

5.4.1　江恩八线与角度线的共振买入点

江恩八线与江恩角度线的共振买入点，主要指的是二者在对股价进行买点分析时，在同一位置同时形成了买入信号，两个指标产生共振，从而加强买点的可靠性。

江恩八线的买点判断主要集中于股价与工作线及生命线之间的位置和交叉关系。而江恩角度线对买点的判断，则需要通过不同的画线方式来实现。

在前面的示例中，江恩角度线是在下跌行情中连接两个重要高点得到的，这样的画线方式更适合研判卖点。

如果投资者需要分析合适的买点，就要在上涨行情中连接两个重要低点，这样画出的江恩角度线才能够有效分析买点，如图 5-23 所示。

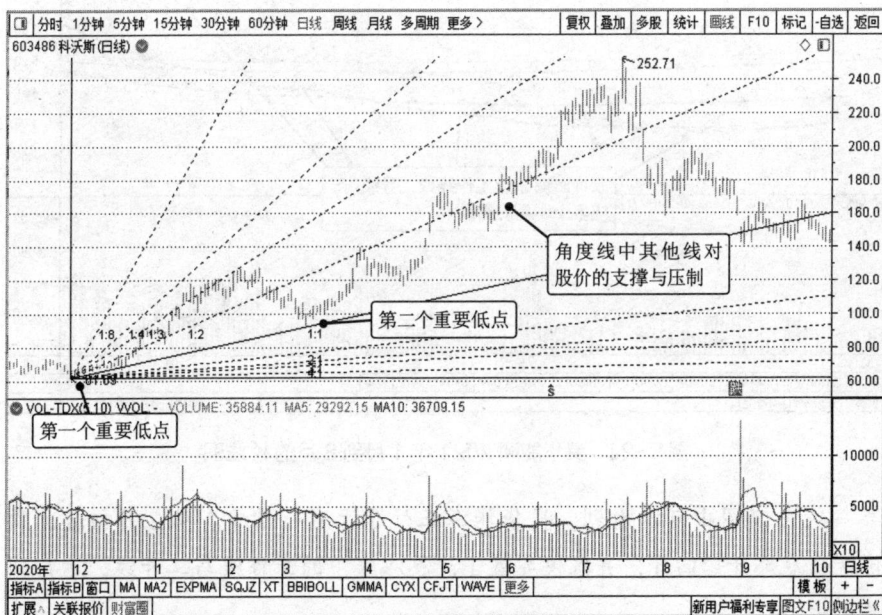

图 5-23　江恩角度线分析买点

从图 5-23 可以看到，不仅 1:1 线对股价具有支撑作用与压制作用，江恩角度线中的其他线也具有同样的功能。投资者通过观察股价在这些线上的波动表现，就能够快速找到合适的买点，进而建仓买进。

下面来看一个具体的案例。

实例分析

昊华能源（601101）江恩八线与角度线的共振买点分析

图 5-24 所示为昊华能源 2021 年 2 月到 8 月的 K 线图。

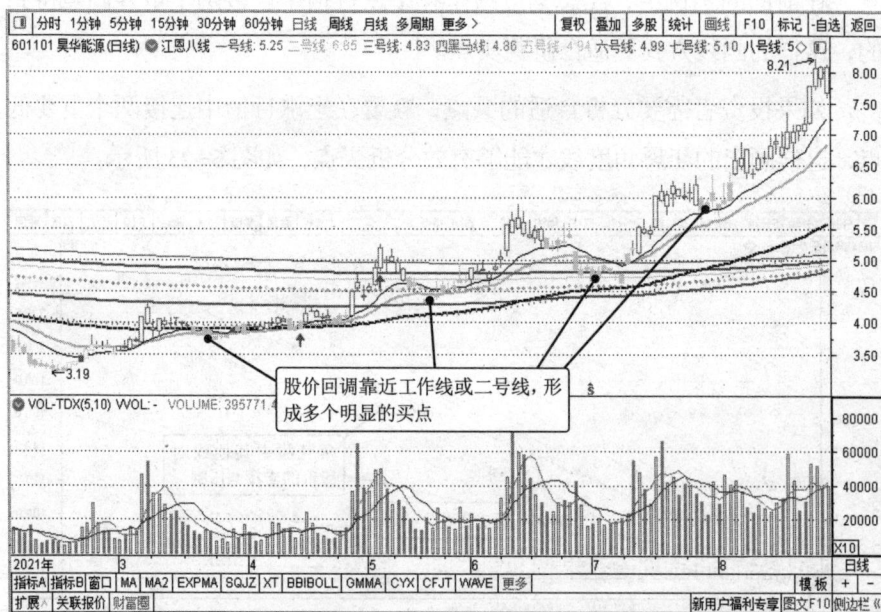

图 5-24　昊华能源 2021 年 1 月到 8 月的 K 线图

从 K 线图中可以看到，昊华能源正处于上涨行情中。从 2 月初起，股价就从底部开始回升，并很快突破了江恩八线中的工作线与二号线，运行到其上方。

在后续的走势中，股价的低点不断上移，呈现出积极的上涨走势。每当股价回调靠近工作线或二号线时，若受到支撑后回升，那么其低点就能成为很好的买入点。比较明显的买点出现在 3 月下旬、5 月下旬、7 月上旬及 8 月初这几个位置。

下面再来看该股在同一时期内江恩角度线的表现。

图 5-25 所示为昊华能源同一时期内江恩角度线的表现。

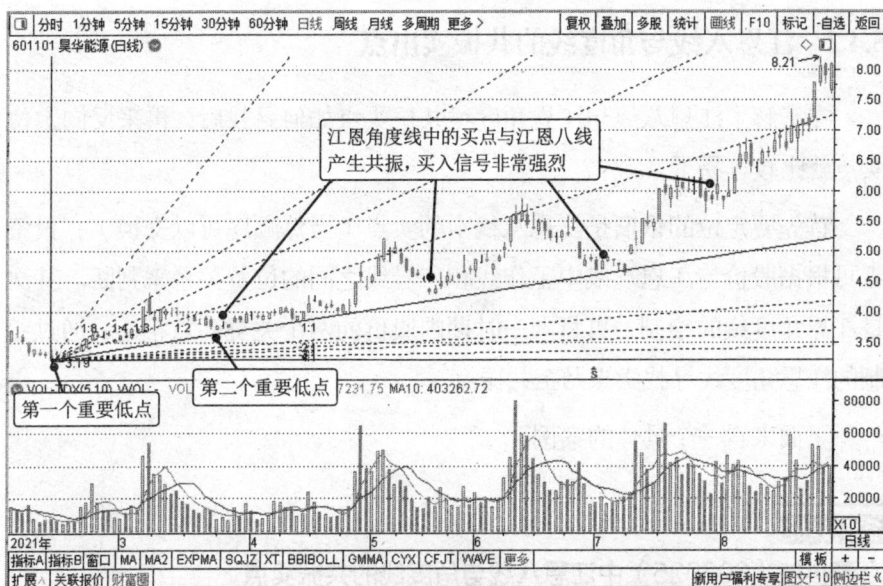

图 5-25 昊华能源同一时期内江恩角度线的表现

从 K 线图中可以看到，以 2 月初股价触底的位置作为第一个关键低点，再以股价在 3 月下旬的一次明显回调底部作为第二个关键低点，画出江恩角度线。

根据画出的角度线，投资者能够清晰看到，股价在后续的走势基本被限制在了 1:1 线和 1:2 线形成的箱体之间。其中，1:1 线起到了有力的支撑作用，1:2 线则长时间对股价形成压制。

同时，投资者在观察到股价在这个箱体区间内多次震荡的走势后，就应该及时反应过来这两条角度线的作用，将股价回调靠近 1:1 线的位置视作合适的买点。

此时，再将江恩八线与江恩角度线相结合可以发现，由江恩八线定位的3月下旬、5月下旬、7月上旬及8月初这几个位置，在江恩角度线中基本都形成了相应的买入信号，产生了指标共振。那么，投资者就可以在共振点的位置迅速买进，适当补仓。

5.4.2 江恩八线与角度线的共振卖出点

在了解了江恩八线与江恩角度线共振买点如何寻找后，再来反向定位卖点就比较容易了。

首先要定位的依旧是江恩八线中的卖点（当然顺序可以交换），投资者可根据股价与江恩八线中工作线和二号线之间的位置关系来判断。其次是江恩角度线的绘制，可将同一时期内股价的两个关键高点相连，通过绘制的江恩角度线寻找卖点乃至共振点。

下面来看一个具体的案例。

实例分析

大豪科技（603025）中江恩八线与角度线的共振卖点

图5-26所示为大豪科技2021年6月到2022年1月的K线图。

从K线图中可以看到，大豪科技正处于下跌行情之中。在2021年5月期间，股价还在积极快速地上涨，进入6月后，股价创出47.99元的新高，随后便出现了急速的下跌，直接跌破了工作线和二号线，最终在35.00元价位线附近横盘。

在经历数次反弹后，股价于7月下旬加快下跌速度，彻底跌至工作线和二号线以下，并带动二者形成了死叉。在后续的走势中，股价跌到了八号线以下，进入了江恩八线的箱体内部，随后受到箱体顶端的压制，反复上冲失败，逐步向下滑落。

其中，比较明显的卖点出现在6月底、7月下旬、8月中旬、9月底及12月上旬这几个位置。

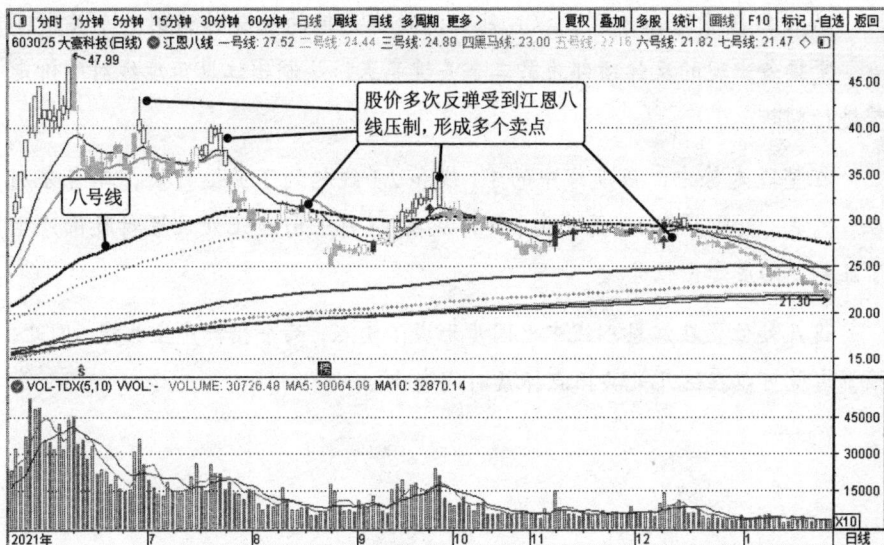

图 5-26 大豪科技 2021 年 6 月到 2022 年 1 月的 K 线图

下面再来看同一时期内江恩角度线的表现。

图 5-27 所示为大豪科技同一时期内江恩角度线的表现。

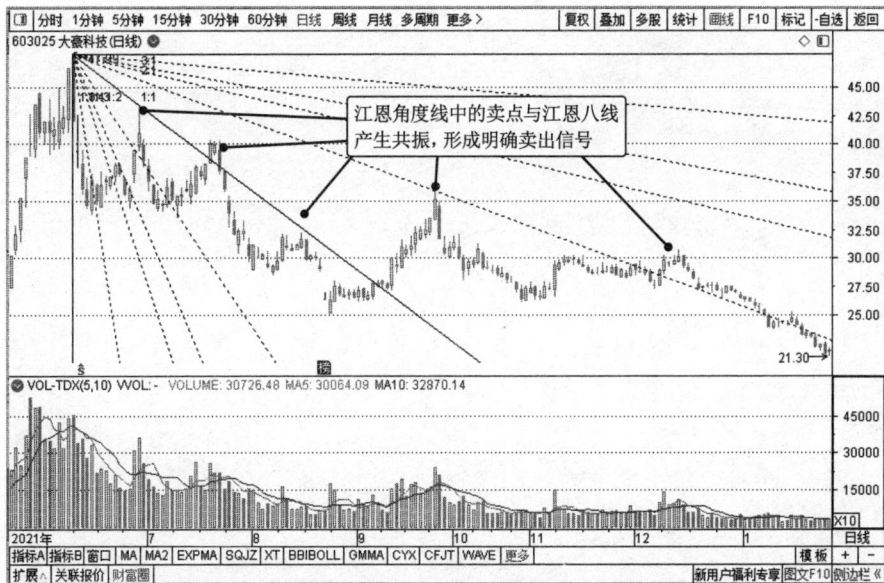

图 5-27 大豪科技同一时期内江恩角度线的表现

从 K 线图中可以看到，以 6 月上旬股价见顶的位置作为第一个关键高点，紧接着出现的反弹顶部为第二个关键高点，绘制出江恩角度线对股价走势进行判断。

在整段走势中，角度线中的 1:1 线和 2:1 线起到了关键作用，二者分别在 6 月底、7 月下旬、8 月中旬、9 月底及 12 月上旬这几处位置对股价产生了压制，形成卖出信号。

这几处位置在江恩八线中也同步形成了卖点，两个指标产生共振。因此，投资者就可以在这几处共振点抓紧时间卖出。

第6章

均线型指标与其他指标结合

均线型指标在使用时，尽管各自的功能和应用方式有所不同，但整体都是围绕均线这一概念设计的，在某些方面总会有一定的相似，发出的信号具有重复性。而如果将这些指标与其他类型的指标适当结合，就可以在一定程度上弥补均线型指标的不足，进而提高操作的成功率。

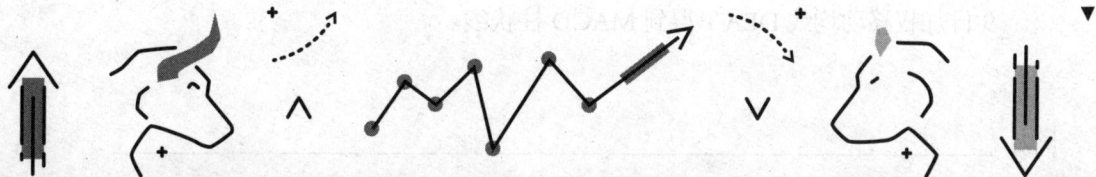

6.1 MACD 指标与 MA 指标结合

MACD 指标全称为平滑异同移动平均线，是技术分析中最为常用的指标之一。因其对市场趋势的精密监控、顶底变化的准确把握等优势，也被冠以"指标之王"的美称。将其与 MA 指标进行结合，会取得不错的效果，但投资者首先要对 MACD 指标有基本的认知。

6.1.1 MACD 指标基本认知

MACD 指标主要由快线 DIF、慢线 DEA、MACD 柱状线和零轴构成，具体如图 6-1 所示。

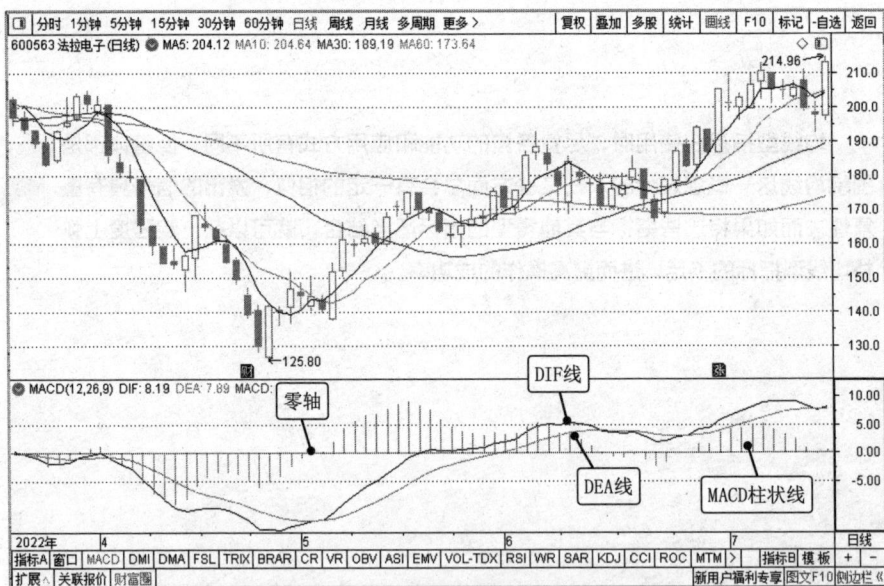

图 6-1 炒股软件中的 MACD 指标

MACD 指标在计算时，是由快的指数移动平均线（EMA12）减去慢的指数移动平均线（EMA26）得到快线 DIF，再用 2×（快线 DIF-DIF 的 9 日加权移动均线 DEA）得到 MACD 柱状线。

由于 MACD 指标在计算时涉及了移动平均线的概念，因此，MACD 指标具备 MA 指标的部分特征，比如助涨助跌、预示趋势转向等特性。但 MACD 指标同样具有 MA 指标没有的优势，最明显的就是划分多空市场的零轴，以及波动变化的柱状线。

（1）零轴

MACD 指标中的零轴是一个关键的研判工具，它将 MACD 指标的波动范围一分为二。零轴以上被称为多头市场或强势区域；零轴以下则被称为空头市场或弱势区域，下面通过图 6-2 来展示。

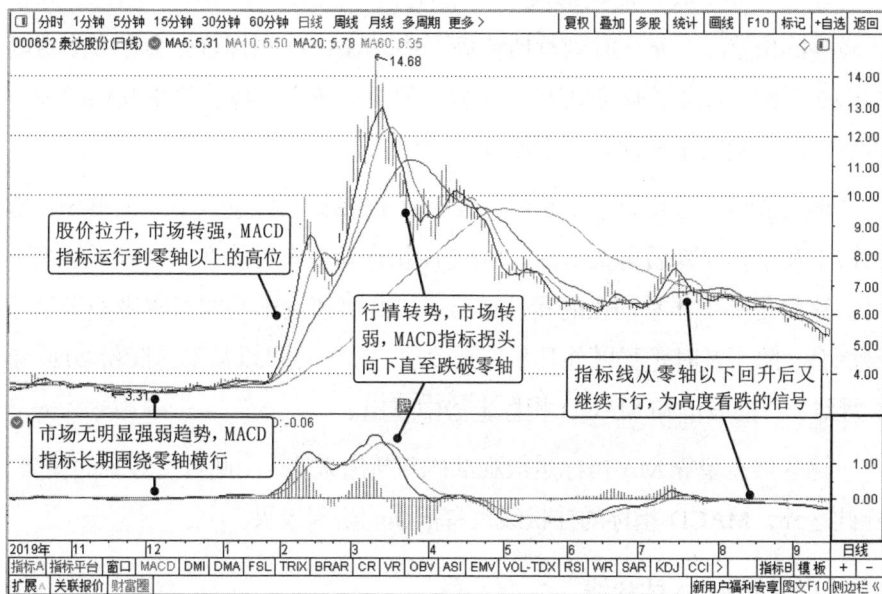

图 6-2 零轴对市场强弱的划分

如果投资者仔细观察上图，就可以发现 2019 年 10 月到 2020 年 1 月，泰达股份（000652）基本维持在 4.00 元以下形成横盘，整体并未形成明显的涨跌趋势，自然就无法判定市场的强弱。

因此，MACD 指标的两条线就会长时间围绕零轴进行窄幅波动，与股价两相印证下，传递出整理的含义。那么在此期间，投资者就无须进行太多操作，观望即为上策。

1 月下旬股价开始拉升，此时市场明显转强，MACD 指标变化非常明显，DIF 线和 DEA 线迅速朝着零轴以上更高的位置运行，这就是一个强烈的看多信号。

从这样的规律来看，后续当股价产生较长时间或是较大幅度的下跌时，MACD 指标会逐步从零轴上方向下移动，直至跌破零轴，彻底来到空头市场中。图 6-2 中泰达股份在 2020 年 3 月之后的股价走势，以及 MACD 指标的表现也能证明这一点。

注意，如果股价前期形成了一定程度的上涨，与 MACD 指标一同位于较高的位置时，某一时刻行情转势下跌，MACD 指标首先会在多头市场中形成下跌。此处意味着市场在转弱，但买盘还有支撑，价格跌幅尚浅，投资者及时卖出还能留有一定收益。

但当股价已经位于下跌趋势中，MACD 指标已经进入了空头市场，那么股价在小幅反弹后再次下探，MACD 指标就很有可能在零轴以下继续下行。这就是一个非常消极的看跌信号了，此时还没出局的投资者多半已经被深套，除了及时止损以外几乎别无他法。这一点可以从泰达股份 2020 年 6 月到 7 月的股价和 MACD 指标走势中看出。

这些信息单靠 MA 指标是很难准确判断出来的，由此可见零轴的优势。除此之外，MACD 指标的柱状线也有很强的研判效果。

（2）MACD 柱状线

如果投资者仔细观察 K 线图，可以发现 MACD 指标柱状线的波动存在很强的规律性，并且其要依靠 DIF 线与 DEA 线的运行方向和位置关系生成。

下面通过图 6-3 来进行更为细致的展示。

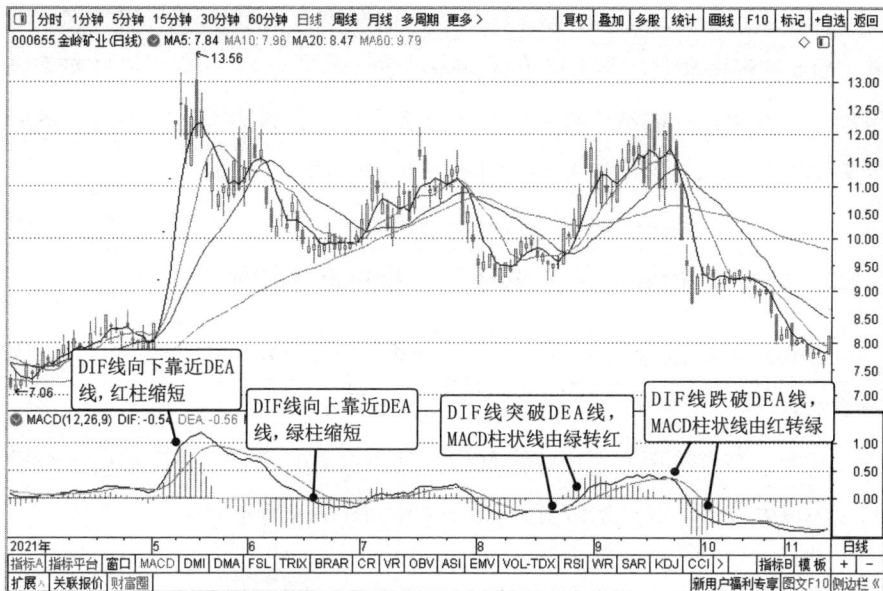

图 6-3　MACD 柱状线的变化情况

从图 6-3 中可以看到，当 DIF 线位于 DEA 线上方时，MACD 柱状线显示为红线，并形成于零轴上方。每当 DIF 线向上远离 DEA 线，二者的乖离值拉大时，MACD 柱状线就会向上延长，表示个股正在积极上涨。

但当 DIF 线向下接近 DEA 线时，MACD 柱状线就会缩减。待到 DIF 线跌破 DEA 线，MACD 柱状线就会彻底由红转绿，同时两项指标线也会向下移动，表示股价出现了下跌。

当 DIF 线位于 DEA 线下方时，同理，DIF 线向下远离 DEA 线，MACD 柱状线延长；DIF 线向上靠近 DEA 线，MACD 柱状线缩短；DIF 线突破 DEA 线并继续上扬，MACD 柱状线由绿转红。

由此可见，通过对 MACD 柱状线的细致分析，投资者有机会提前预判股价的转势。这也进一步说明了 MACD 指标的滞后性不强，其产生的信号往往要比 MA 指标出现得早一些，可以从一定程度上弥补 MA 指标因滞后性导致错过买卖时机的缺点。

但正是因为变动滞后，MA 指标的稳定性要比 MACD 指标高许多。因此，MA 指标也能从这一方面有效避免投资者跟随 MACD 指标频繁买卖导致损失。两项指标的结合与互补，可以大大增加投资者的操作效率。下面就来详细介绍 MA 指标与 MACD 指标的结合用法。

6.1.2　MACD 指标低位金叉时 MA 指标向上扭转

MACD 指标的金叉是由 DIF 线自下而上穿过 DEA 线形成的，并且因为零轴的存在，指标的金叉还被分为低位金叉和高位金叉。

其中，在零轴下方形成的是低位金叉，这样的金叉形成于股价走弱后的底部及股价上涨的初始位置，其示意图如图 6-4 所示。

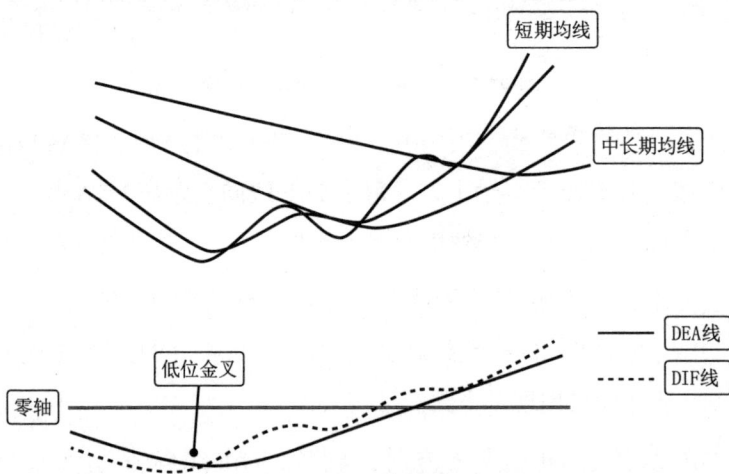

图 6-4　MACD 指标的低位金叉

相较于已经进入多头市场的高位金叉来说，零轴以下的金叉更具有投资价值。在此处买进，后市的上涨空间也会更大，但风险会相应高一些，毕竟股价还未彻底转势。

不过，结合 MA 指标来判断，其风险性就会大大降低。如果在 MACD 指标产生低位金叉的同时或是之后，MA 指标也形成了向上的扭转，那么股价至少在短时间内的涨势已经确定，投资者入场大概率能够获利。

下面来看一个具体的案例。

实例分析

中国平安（601318）MACD 指标低位金叉时 MA 指标向上扭转分析

图 6-5 所示为中国平安 2018 年 11 月到 2019 年 4 月的 K 线图。

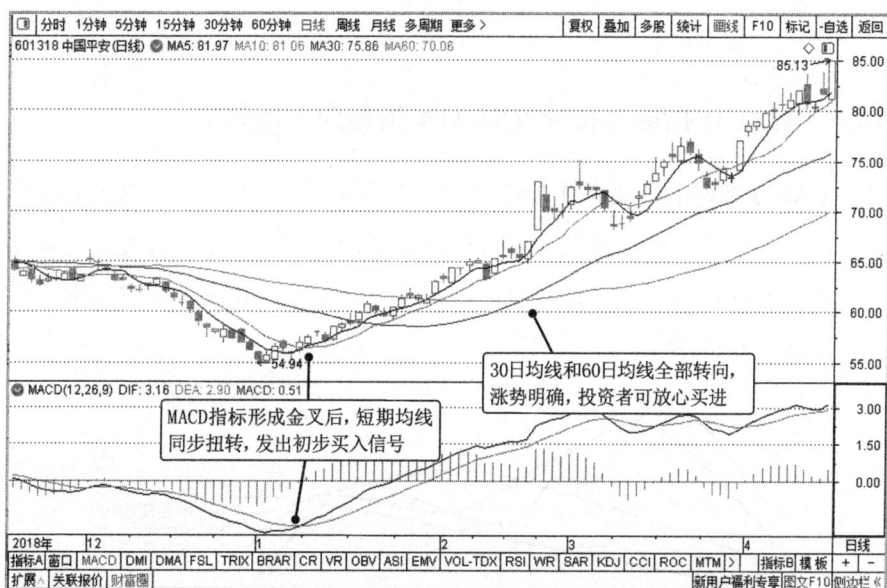

图 6-5　中国平安 2018 年 11 月到 2019 年 4 月的 K 线图

从 K 线图中可以看到，中国平安正处于上涨行情之中。2018 年 11 月到 12 月，股价正在经历从盘整转向下跌的走势，均线组合被带动走平后又向下发散，形成了空头排列。与此同时，MACD 指标也受到影响，在零轴下方不断下滑。

进入 2019 年 1 月后，股价迅速开始回升，带动 MACD 指标中的 DIF 线、DEA 线和均线指标中的 5 日均线、10 日均线拐头上扬，两个指标几乎在同时形成了向上的金叉。

由此可以看出，MACD 指标在形成金叉的同时，均线组合也在被股价向上扭转。尽管此时 30 日均线和 60 日均线还在下行，但扭转的力量已经产生，激进的投资者可以在此大胆建仓试探。

2019 年 1 月底，股价涨势依旧稳定，扭转力量不断输出，终于将 30 日均线成功带动转向，并且 60 日均线也出现了明显的走平。

2 月下旬，30 日均线在上穿 60 日均线后，滞后性最强的一条均线也完成了向上的转向。此时，股价涨势已经十分明朗，还在观望的投资者也可以放心入场了。

6.1.3 MACD 指标高位死叉时 MA 指标向下扭转

MACD 指标的死叉是由 DIF 线自上而下跌破 DEA 线形成的，与金叉一样，死叉也具有低位死叉和高位死叉的区别。在零轴上方形成的高位死叉，传递的逃顶信号要比低位死叉强得多，并且位置越高，强度越强，其示意图如图 6-6 所示。

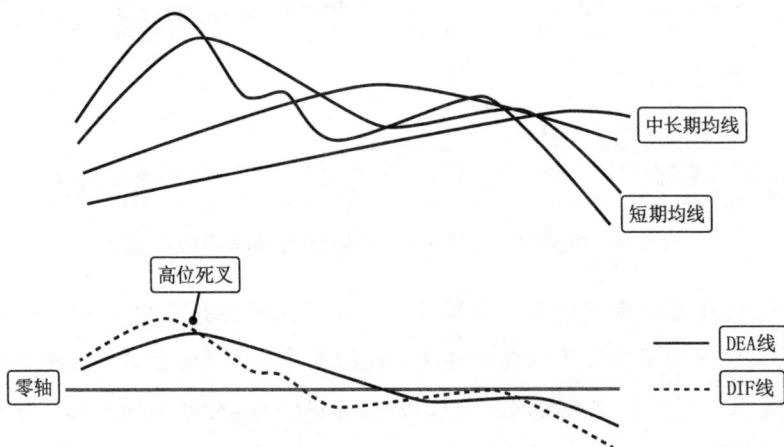

图 6-6 MACD 指标的高位死叉

因为股价需要经过一段时间的上涨，才能将 MACD 指标带到零轴上方，位置越高，股价所需的上涨幅度就越大。正因如此，MACD 指标在高位形成的死叉才具有极强的预警意义。

当 MACD 指标的高位死叉与 MA 指标结合时，能够更加准确地判断出卖点的位置。

MACD 指标形成高位死叉时，如果均线组合中的短期均线扭转向下，那么短线投资者和部分谨慎的中长线投资者可尽早出局。余下观望的投资者，当观察到中长期均线也发生转向后，就需要及时止损离场了。

下面来看一个具体的案例。

实例分析

航天发展（000547）MACD 指标高位死叉时 MA 指标向下扭转分析

图 6-7 所示为航天发展 2020 年 12 月到 2021 年 4 月的 K 线图。

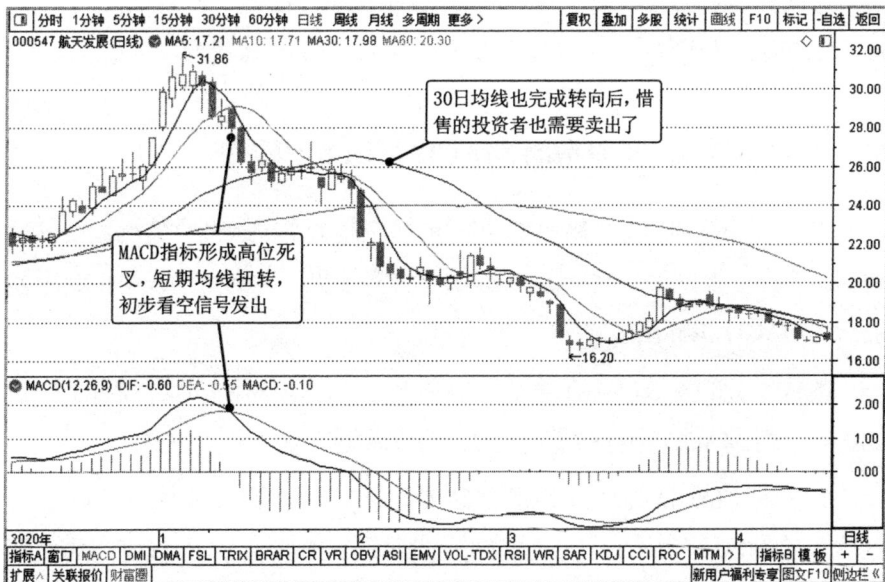

图 6-7　航天发展 2020 年 12 月到 2021 年 4 月的 K 线图

从 K 线图中可以看到，航天发展正处于行情转势的位置。在 2020 年 12 月期间，股价还在快速上涨，带动均线组合形成多头排列的同时，也使得 MACD 指标不断上扬到零轴以上的高位。

进入 2021 年 1 月后，股价创出 31.86 元的新高，随后便开始拐头下跌。MACD 指标的两条线与均线组合中的短期均线同步转向，并在相近的位置形成了死叉，形成初步的卖出信号。

在此之后，股价在 26.00 元价位线附近横盘修整了一段时间，但很快便再次加速下跌，延续着前期的走势，导致 30 日均线也开始向下转向，60 日均线出现走平。此时，行情的跌势已经非常明显了，投资者没有必要继续等待 60 日均线的转向，此时出局还能早日止损。

从后续的走势可以看到，2 月期间，股价再次得到支撑，在 20.00 元价位线附近横盘整理，但最终还是在 3 月初形成了下跌走势，带动 60 日均线彻底转向。

此时，股价已经跌到了 18.00 元价位线附近，相较于 31.86 元的顶部，跌幅已经超过了 43%。如果投资者在此处再决定卖出，遭受的损失就太大了。

6.1.4 MA 指标产生发散时 MACD 指标多空转变

MA 指标产生发散时 MACD 指标的多空转变主要有两种情况：一种是均线组合向上发散后，MACD 指标由空转多，另一种则是均线组合向下发散后，MACD 指标由多转空。

均线组合的发散已经在第 1 章中介绍过了，相信投资者已经有了一定的了解。而 MACD 指标的多空转变，还需要进一步分析。

首先是 MACD 柱状线的多空转变。MACD 柱状线分为零轴以上的红线和零轴以下的绿线，二者的转变依据是 DIF 线与 DEA 线之间的位置关系。当 DIF 线位于 DEA 线以上时，MACD 柱状线就是红线；反之，柱状线就会转变为绿线。

柱状线的多空变化非常迅速，因此也具有一定的不稳定性。比如有些时候，MACD 柱状线由红转绿后，股价不一定处于下跌状态，可能只是稍微波动了一下。

但 MACD 指标的两条指标线就不一样了，当这两条指标线运行到零轴以上或以下时，股价大概率已经出现了上涨或下跌，并且后市很可能还会延续下去，这样的走势说服力更强。

因此，当均线组合产生向上或向下的发散时，MACD 的指标线在后续能够完成多空转变的话，买卖信号就会更加可靠，投资者的操作成功率也会高一些。

下面来看一个具体的案例。

实例分析

国际医学（000516）MA 指标产生发散时 MACD 指标多空转变分析

图 6-8 所示为国际医学 2021 年 3 月到 5 月的 K 线图。

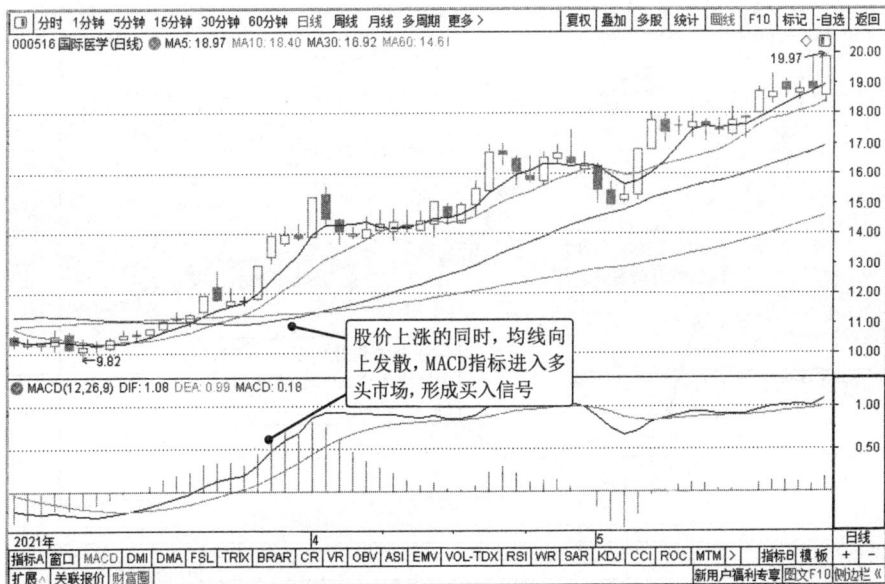

图 6-8　国际医学 2021 年 3 月到 5 月的 K 线图

从 K 线图中可以看到，国际医学正处于上涨行情之中。在 3 月初，股价还在进行回调，导致 MACD 指标逐渐运行到零轴以下，进入空头市场。同时，均线组合也跟随下行，形成了黏合走势。

不久之后，股价开始缓慢回升，带动 MACD 指标的两条线和短期均线逐步开始转向，最终在一次加速上涨的影响下，分别形成了金叉。并且 MACD 指标的金叉形成在零轴以下，是一个低位金叉。

MACD 指标的金叉形成后，柱状线就已经转向了多头市场，但指标线还在零轴以下，均线组合也未向上进行发散。虽然看多信号已经出现，但行情还未明朗，激进的投资者可建仓试探，谨慎的投资者还需观望。

在 3 月中旬，MACD 指标的指标线在不断地上扬中终于来到了零轴以上，并持续向上运行。与此同时，股价快速的上涨带动短期均线接连上穿中长期均线，形成了向上的发散。此时，行情走势就比较明朗了，还在观望的投资者可以大胆买进。

图 6-9 所示为国际医学 2021 年 6 月到 8 月的 K 线图。

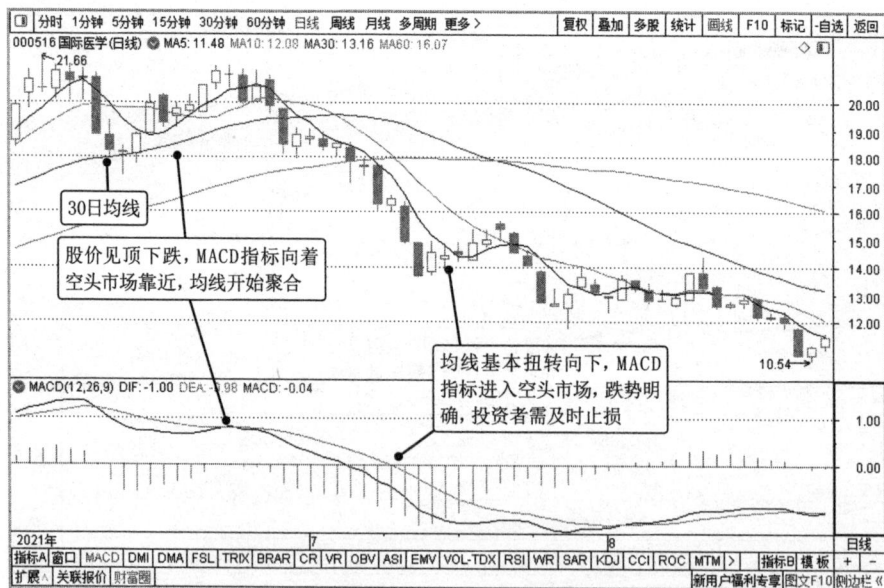

图6-9　国际医学 2021 年 6 月到 8 月的 K 线图

从 K 线图中可以看到，国际医学的上一波拉升在 6 月初到达了顶部，在创出 21.66 元的新高后便开始了下跌，带动 MACD 指标形成了一个高位死叉。不过此时均线组合还未产生聚合后向下的发散，卖出信号不算强烈，谨慎的投资者和短线投资者可先行出局。

随后，股价在 30 日均线上受到支撑后再次上扬，但此次上涨高点没有超过前期，整体便开始下滑了，带动均线组合开始向下转向。MACD 指标再次形成的波峰也下移了不少，并伴随着股价的下滑不断朝着零轴靠近，柱状线在零轴下方逐渐拉长。

7 月上旬，均线组合中的 5 日均线、10 日均线和 30 日均线全部完成了转向，60 日均线也已经走平。同时，MACD 指标的两条线跌到了空头市场中，卖出信号明显。

尽管此时的均线组合还未完全形成向下的发散，但整体走势已经比较明朗。再加上 MACD 指标的彻底看空，后市的下跌几乎已成定局，还滞留在场内的投资者需要尽快卖出止损。

6.2　BBI 指标与 KDJ 指标的操作

KDJ 指标是一种用于观察当前价格是否脱离正常价格波动范围程度的摆动类指标，因此又称随机指标。将 BBI 指标线与 KDJ 指标进行结合，会产生怎样的效果呢？下面来进行详细解析。

6.2.1　什么是 KDJ 指标

KDJ 指标由 K 值、D 值和 J 值三条线构成，整体融合了"平衡位置"的理论核心，原理是通过观察价格在短期内脱离"平衡位置"的程度，来研判价格波动及市场买卖盘的强弱。

那么，什么是 KDJ 指标的"平衡位置"呢？简单来说，就是指标线摆动范围中的正常运行区域。

KDJ 指标中的 K 值和 D 值两条线都在 0 ～ 100 的范围内波动，而 J 值的取值范围可以超过 100 或低于 0。其中，20 ～ 80 的取值范围就是 KDJ 指标的"平衡位置"。

也就是说，20 线和 80 线就是研判股价是否脱离正常波动范围的两条分界线，下面通过图 6-10 来进行展示。

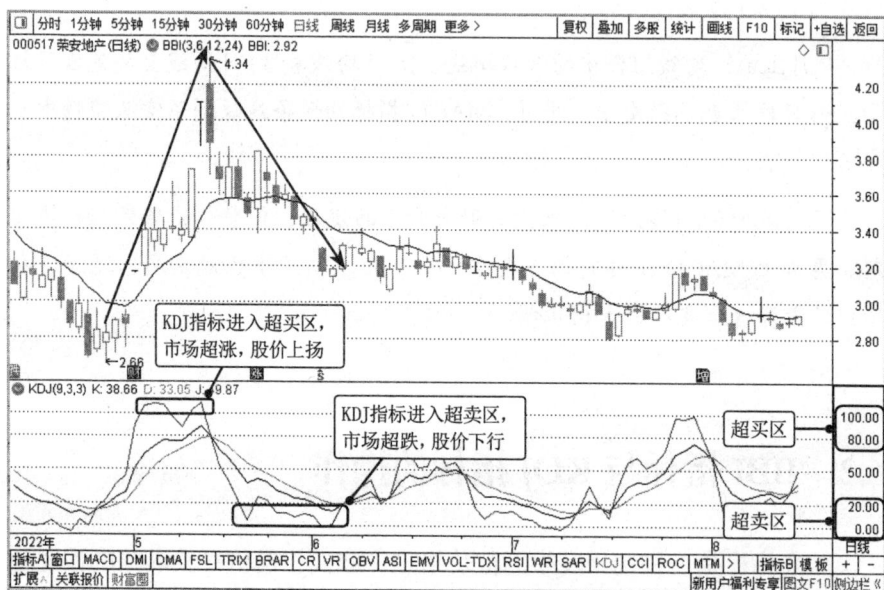

图 6-10　炒股软件中的 KDJ 指标

在 KDJ 指标的摆动范围中，20 线以下被称为超卖区，意味着股价在短时间内形成了幅度较大的下跌，市场卖盘数量过度膨胀，形成超跌现象；80 线以上则被称为超买区，意味着股价前期形成了积极的拉升，买盘急剧增长，市场超涨。

这样的现象在图 6-10 中表现得十分明显，因此，实战中投资者就可以利用 KDJ 指标的这一特性对市场现状进行大致的判断。

除此之外，KDJ 指标线之间的交叉和位置关系也是值得仔细研究的部分，比如三线向上形成的金叉、三线向下产生的死叉、三线同步上扬或下跌等形态。

需要注意的是，KDJ 指标是比较敏感的，股价的小幅涨跌都能导致指标出现大幅度的波动。不过，如果将其与相对稳定的 BBI 指标结合，就能有效提高其信号的可靠度。

6.2.2　BBI 指标支撑股价时 KDJ 指标上扬

BBI 指标支撑股价时 KDJ 指标上扬指的是股价在上涨过程中 BBI 指标线承托在其下方起支撑作用，同时 KDJ 指标也在保持上扬走势，其示意图如图 6-11 所示。

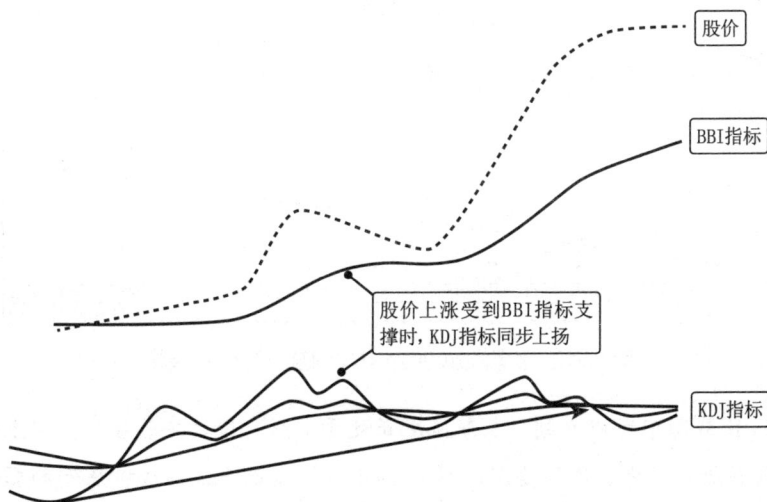

图 6-11　BBI 支撑股价时 KDJ 上扬

KDJ 指标持续上行，证明市场中的买盘在不断增加，能够为股价的上涨提供足够的动力，是明显的看多信号。而 BBI 指标线对股价的支撑，同样加强了上涨趋势的确定性，使得看多信号可信度更高。

因此，当两个指标同时产生支撑股价上涨的形态时，投资者就可以在合适的位置积极进场，持股待涨。

下面来看一个具体的案例。

实例分析

长航凤凰（000520）BBI 指标支撑股价时 KDJ 指标上扬分析

图 6-12 所示为长航凤凰 2021 年 7 月到 9 月的 K 线图。

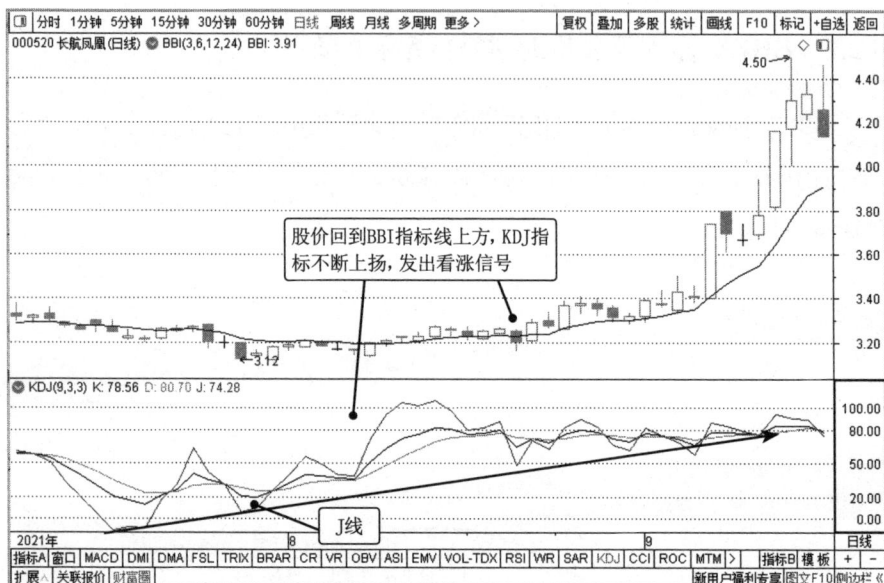

图 6-12　长航凤凰 2021 年 7 月到 9 月的 K 线图

从 K 线图中可以看到，长航凤凰正处于上涨行情之中。在 7 月中上旬，股价还在进行回调，K 线逐渐滑落到 BBI 指标线以下，形成被压制的弱势走势，KDJ 指标也下行到了超卖区内。

7 月底，股价创出 3.12 元的阶段新低后开始缓慢上涨，逐渐运行到了 BBI 指标线以上，受到了指标的支撑。与此同时，KDJ 指标也出现了不断的上扬，低点逐步抬高，与 BBI 指标形成了同步信号，投资者此时就可以建仓买进了。

二者的结合意味着股价开始走强，这一点从后续的走势中也可以看出，股价在 BBI 指标线上站稳后，KDJ 指标就已经进入了超买区。伴随着股价涨速的加快，KDJ 指标始终在超买区附近震荡，J 线低点还在上移，意味着场内买盘的追涨热情高涨，这是股价涨势持续的重要证明。

6.2.3　BBI 指标压制股价时 KDJ 指标下滑

BBI 指标压制股价时 KDJ 指标下滑指的是股价在下跌过程中 BBI 指标线覆盖在其上方起压制作用，同时 KDJ 指标也出现了下滑走势，其示意图如图 6-13 所示。

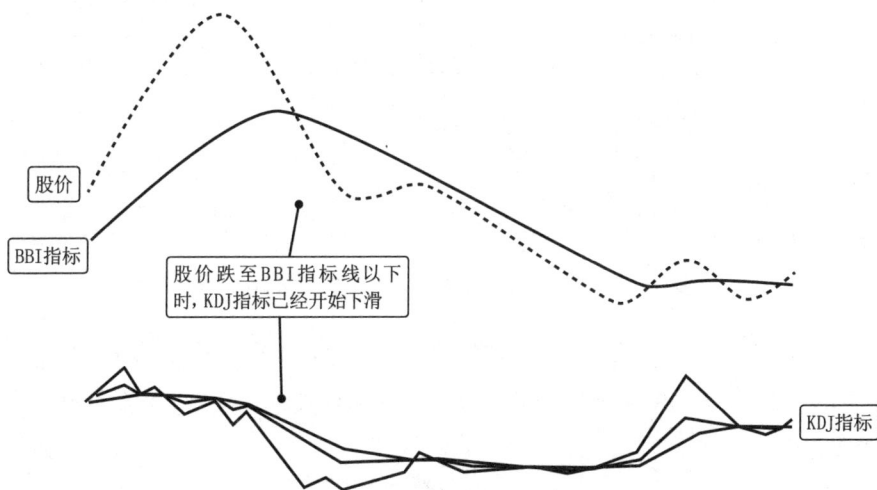

图 6-13　BBI 压制股价时 KDJ 下滑

KDJ 指标的下滑意味着场内卖盘的增加，空方开始发力拉低股价。当股价跌到 BBI 指标线以下时，指标线的压制力开始发挥，更加剧了股价趋势的走弱，看跌信号加强，投资者在发现这样的走势后，就要尽早出局，及时止损。

下面来看一个具体的案例。

实例分析

岭南控股（000524）BBI 指标压制股价时 KDJ 指标下滑分析

图 6-14 所示为岭南控股 2020 年 7 月到 11 月的 K 线图。

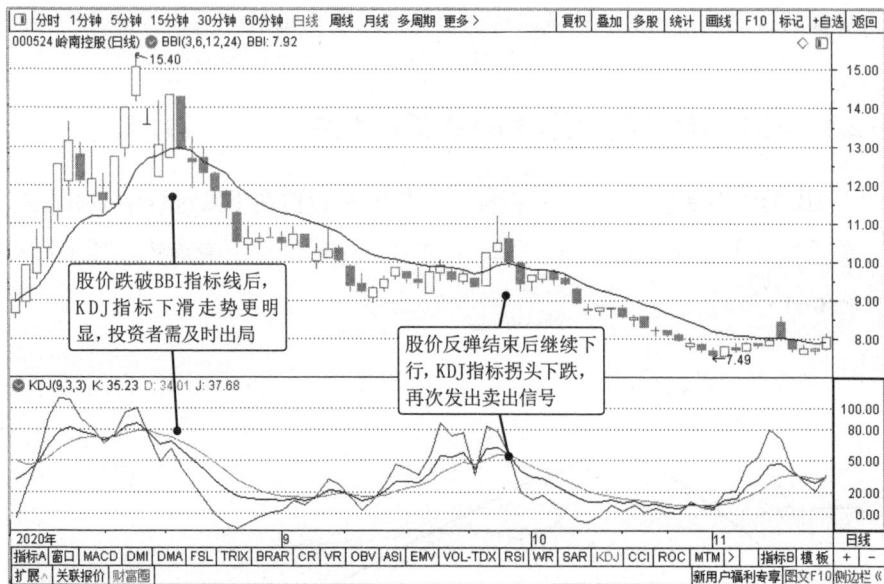

图 6-14　岭南控股 2020 年 7 月到 11 月的 K 线图

从 K 线图中可以看到，岭南控股正处于上涨趋势向下转向的过程中。7 月底到 8 月初，股价还在快速上涨，使得 KDJ 指标长时间在超买区附近震荡。

8 月中旬，股价创出 15.40 元的新高，次日便出现了快速的下跌，但很快便在 BBI 指标线上受到支撑。横盘震荡了数日后，股价最终还是跌到了指标线以下。

观察 KDJ 指标的走向可以发现，在股价见顶回落时，KDJ 指标就已经开始从高位下滑了。随着股价跌至 BBI 指标线以下，KDJ 指标下滑的速度更快，下跌形态也更加清晰，投资者需抓紧时间卖出。

从后续的走势可以看到，股价在跌至 9.00 元价位线附近后得到了一定支撑，开始小幅反弹，KDJ 指标则早在 8 月底股价暂时走平时就开始了回升。但在股价反弹的过程中，BBI 指标始终维持着压制状态，证明股价的跌势还未结束，投资者不可跟随 KDJ 指标买进。

9 月底时，股价小幅冲破 BBI 指标线的限制，运行到其上方，显示出反弹走势。但此次反弹明显动力不足，数日后股价又再次回落到下方，进入再一次的下跌。

与此同时，KDJ 指标也迅速拐头向下，再次与 BBI 指标线形成配合，发出强烈的卖出信号，场内投资者需要尽快出局。

6.2.4　KDJ 指标交叉时 BBI 指标的变动情况

KDJ 指标的交叉主要分为金叉与死叉，这一点与 MACD 指标是比较类似的。其中，在超卖区形成的金叉看多效果最好，在超买区形成的死叉发出的看空信号则更强烈。

KDJ 指标非常灵敏，因此，往往会紧跟股价走势，并先于 BBI 指标线形成交叉形态，其示意图如图 6-15 所示。

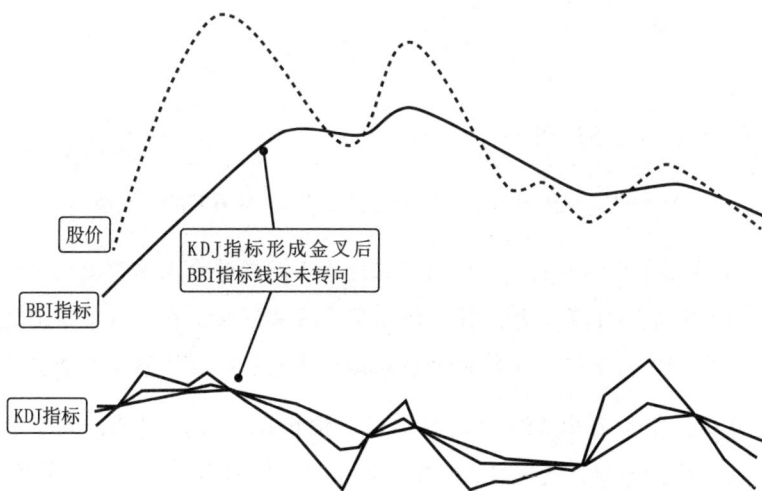

股价

BBI指标

KDJ指标形成金叉后
BBI指标线还未转向

KDJ指标

图 6-15　KDJ 指标先与 BBI 指标线形成交叉

投资者在将这两个指标结合使用时，可将 KDJ 指标的交叉形态视作提前预警的信号。待到 BBI 指标线也发生相同方向的转变时，就可以根据股价发展的方向决定买入或卖出。

下面来看一个具体的案例。

实例分析

石化机械（000852）KDJ 指标交叉时 BBI 指标的变动情况分析

图 6-16 所示为石化机械 2020 年 12 月到 2021 年 6 月的 K 线图。

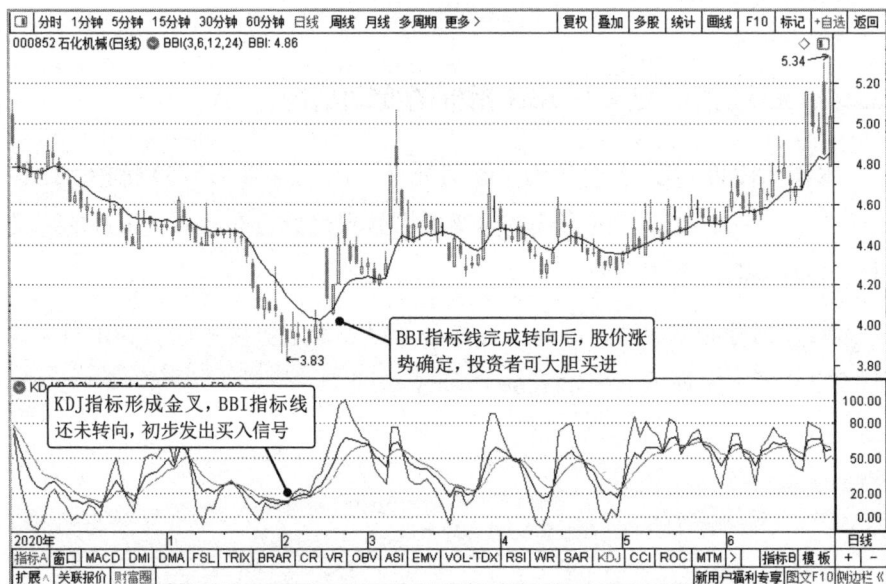

图 6-16　石化机械 2020 年 12 月到 2021 年 6 月的 K 线图

从 K 线图中可以看到，石化机械正处于下跌趋势向上涨转变的过程中。2020 年 12 月到 2021 年 1 月，股价整体呈波段式下跌，在 1 月中下旬还出现了一次加速下跌的走势，导致 KDJ 指标跟随下行，一路下滑至超卖区以内。

2 月初，股价创出 3.83 元的新低后，便出现了小幅回升，随后在低位横盘。就在股价创新低的次日，KDJ 指标在超卖区内形成了一个向上的金叉，并且后续股价横盘的过程中，指标线还在持续上扬。

此时，BBI 指标线还没有产生明显的变化，依旧覆盖在股价上方形成压制。在买入信号并不完整的情况下，谨慎的投资者还是要保持观望，激进的投资者则可以轻仓买进。

从后续的走势中可以看到，股价在 2 月中旬就成功上涨突破了 BBI 指标线，并在紧接着的回踩中站稳，BBI 指标线也完成了转向，进一步加固了买入信号的强度，此时投资者就可以大胆买进了。

图 6-17 所示为石化机械 2021 年 7 月到 11 月的 K 线图。

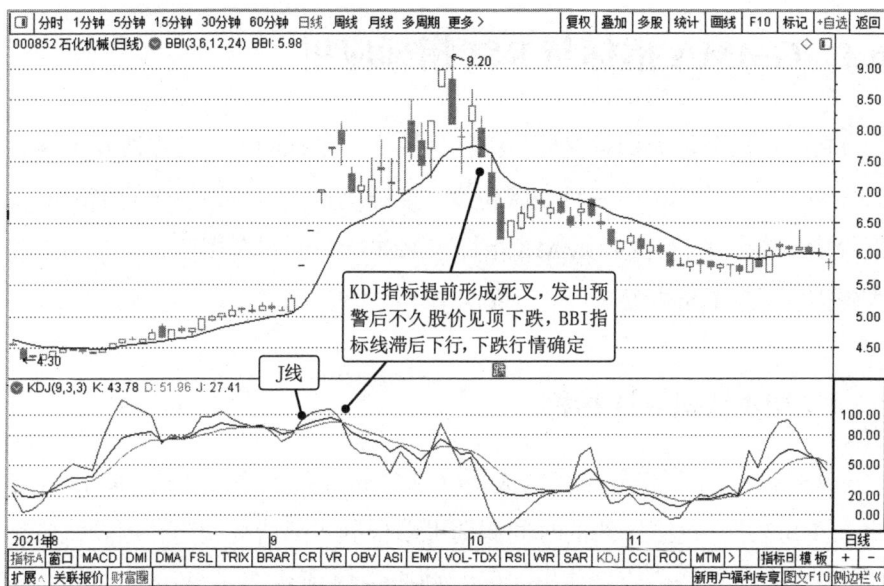

图 6-17　石化机械 2021 年 7 月到 11 月的 K 线图

从股价进入上涨后的走势中可以看到，一直到 2021 年 8 月底，股价大部分时间都是在 BBI 指标线的支撑下保持上涨的，KDJ 指标也在股价的涨势带动下，于 8 月中旬进入了超买区。

进入 9 月后，股价突然连续收出一字涨停和涨停上吊阳线，迅速上冲到了 8.00 元价位线附近。KDJ 指标在这一波拉升的影响下再次上扬，J 线直接冲到了 100 线以上。

但就在股价阶段见顶后的次日，KDJ 指标就拐头向下，在超买区形成了死叉。而此时的 BBI 指标线仅仅减缓了上扬角度，股价受到支撑后依旧在上涨，不过 KDJ 指标发出的预警信号比较明显，谨慎的投资者可提前出局。

股价的再次上涨一直持续到 9 月底，在到达最高 9.20 元的位置后，就再次拐头下跌，并在数日后跌破了 BBI 指标线，并带动其转向。在进行回抽后，确认了指标线已经转变为压制作用，前期 KDJ 指标的看跌信号得到验证，还留在场内的投资者需要及时出局。

6.3　GMMA 指标与 RSI 指标应用

RSI 指标全称为相对强弱指标，是根据一定时期内上涨点数和下跌点数之和的比率绘制出的一种技术曲线，能够反映出市场在一定时期内的景气程度。本节就将介绍 GMMA 指标与 RSI 指标的结合用法，在介绍之前首先需要了解 RSI 指标的一些基础知识。

6.3.1　初步认识 RSI 指标

RSI 指标由三条指标线构成，分别是 6 日 RSI1 线、12 日 RSI2 线和 24 日 RSI3 线。这三条线的时间周期可以根据实际情况调整，但默认值是比较常用的，投资者直接使用即可，如图 6-18 所示。

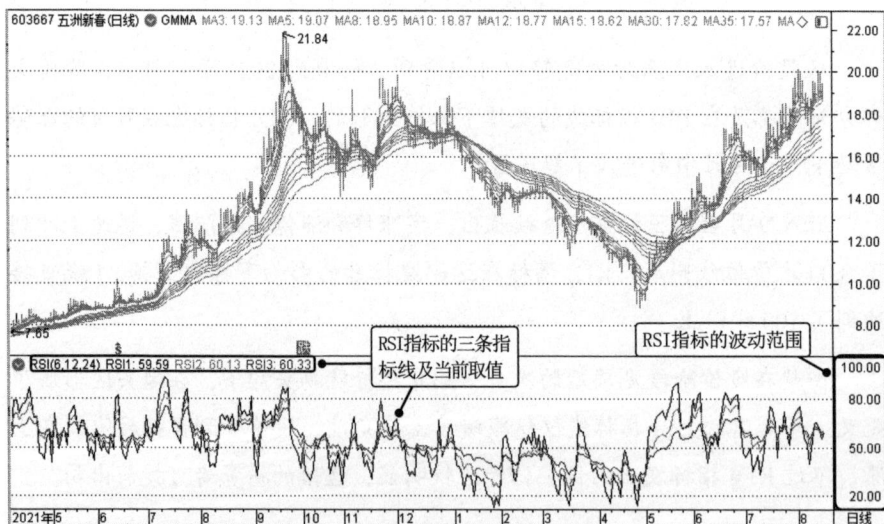

图 6-18　炒股软件中的 RSI 指标

从图 6-18 可以看出，RSI 指标线的波动范围均在 0 ～ 100。其中，30 ～ 80 的区域内为正常波动范围，超过 80 线会被认为市场过于活跃，进入超买范畴，低于 30 线则是市场进入超卖状态的标志。

这一特性与 KDJ 指标有异曲同工之妙，但投资者还可以从另一个角度来理解其原理，将其与 KDJ 指标进行区分。

RSI 指标线的计算公式如下：

N 日 RSI=N 日内收盘涨幅之和 ÷[N 日内收盘涨幅之和 +N 日内收盘跌幅之和（取正值）]×100%

简单来说，RSI 指标值就是在某一阶段价格上涨所产生的波动占整个波动的百分比，将其绘制为曲线，就能体现出一段时间内市场的变化方向与速度。

对于 RSI 指标的使用，存在许多不同的方法，下面就选取其中比较常用的一种，结合顾比均线来进行使用。

6.3.2　GMMA 指标下滑时 RSI 指标跌破低点

首先来介绍一下 RSI 跌破低点的概念，它指的是股价在经过一段时间的上涨后拐头下跌，带动 RSI 指标逐步下滑，最终跌破前期的低点连线，彻底进入下跌状态。

如果在 RSI 指标跌破前期低点的同时，顾比均线也出现了扭转并下滑的走势，那么股价转势的信号就比较强烈了。此时，投资者在确定下跌出现后，就要尽快卖出。

下面来看一个具体的案例。

实例分析

三棵树（603737）GMMA 指标下滑时 RSI 指标跌破低点分析

图 6-19 所示为三棵树 2021 年 4 月到 10 月的 K 线图。

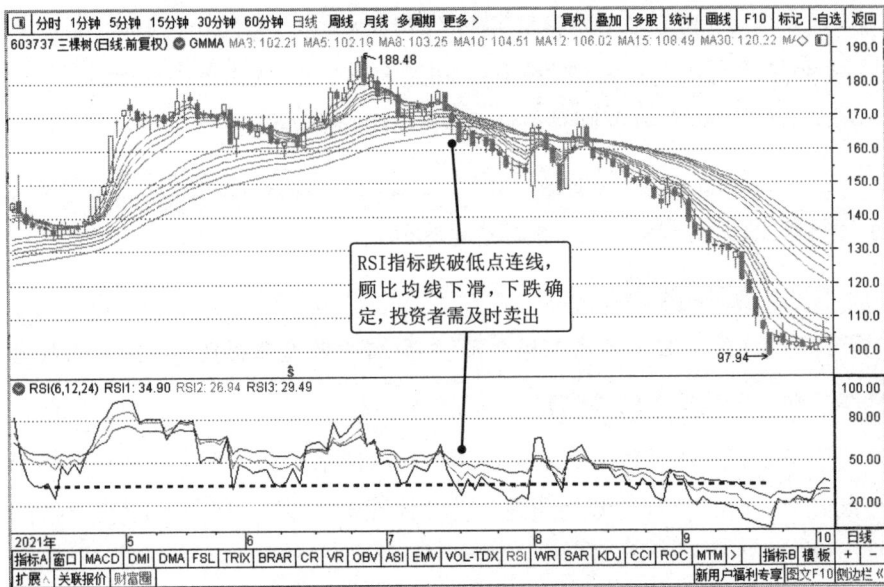

图6-19 三棵树2021年4月到10月的K线图

从K线图中可以看到，三棵树正处于上涨行情向下转势的阶段中。4月到5月中旬，股价还在上涨过程中，顾比均线中的长期组均线保持着上扬状态支撑短期组均线与股价震荡上行。同一时期，RSI指标也伴随着股价的震荡，不断在正常区域与超买区内徘徊，低点位于相近的位置。

6月底，股价创出188.48元的新高后，便拐头出现了下跌。顾比均线中的短期组均线迅速拐头向下，并扭转长期组均线出现了走平，最终于7月中旬完成了向下的转向。

再来观察RSI指标，在股价从顶部滑落的同时，RSI指标也跟随下行了。在低点连线附近暂时止跌后不久，股价的再次下跌就带动指标线向下跌破了支撑位，运行到了超卖区域内。

与此同时，顾比均线已经全部拐头向下，结合RSI指标跌破低点的走势，股价的下跌行情已经比较明显了。此时，投资者就应当抓紧时间寻找合适的位置出局。

从后面的走势可以看到，股价在RSI指标跌破低点后又出现了一次反弹，带动其重新回到了支撑线上。但顾比均线中的两组均线依旧对股价形成了压制作用，说明股价依旧处于下跌状态中。果然，一段时间后股价就形成了加速下跌，RSI 指标与顾比均线再次下行，更加强了下跌信号。

6.3.3 GMMA 指标上扬时 RSI 指标突破高点

GMMA 指标上扬时 RSI 指标突破高点指的是股价在触底回升后的过程中，分别带动顾比均线和 RSI 指标拐头向上，并使 RSI 指标突破前期高点连线，进入上涨之中。

当两个指标同时出现看多信号时，一旦顾比均线长期组均线的支撑作用形成，那么股价短时间内的上涨走势将比较确定，投资者可选择恰当的时机建仓。

下面来看一个具体的案例。

实例分析

石英股份（603688）GMMA 指标上扬时 RSI 指标突破高点分析

图 6-20 所示为石英股份 2018 年 6 月到 2019 年 4 月的 K 线图。

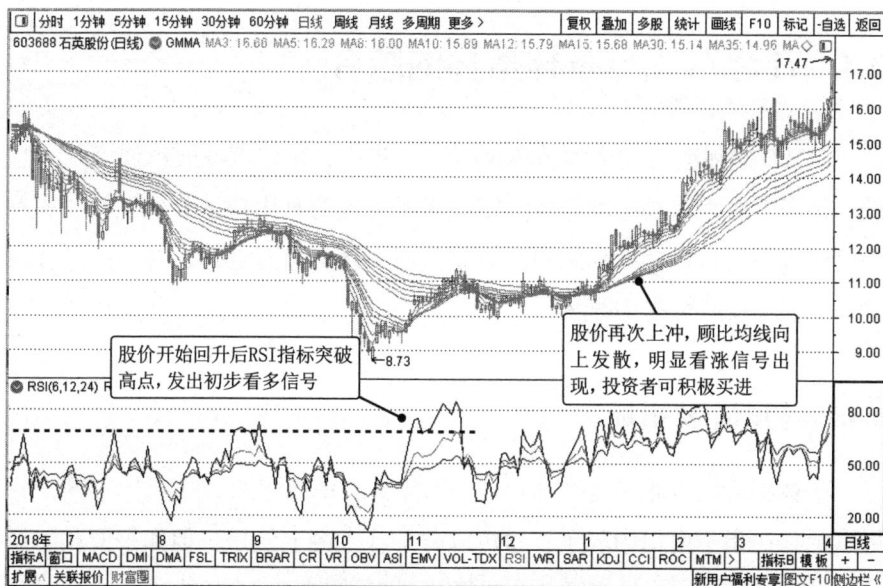

图 6-20 石英股份 2018 年 6 月到 2019 年 4 月的 K 线图

从 K 线图中可以看到，石英股份正处于下跌行情向上转势的过程中。2018 年 6 月到 9 月，股价始终在顾比均线长期组均线的强力压制下运行，多次的反弹都未能突破，导致 RSI 指标形成了多个位置相近的高点，出现压力线。

进入 10 月后，股价很快创出 8.73 元的新低，随后触底回升。股价在 10.00 元价位线下方横盘数日后，再次快速上冲，使得短期组合均线完全转向上方，并与走平的长期组合均线聚合在一起。

与此同时，RSI 指标积极上扬，直接突破前期高点连线，并成功运行到了超买区以内，意味着场内买盘的积极。尽管此时顾比均线还只是聚合在一起，未能彻底向上发散，但 RSI 指标的看多信号还是比较强势的，激进的投资者可以进行试探性的建仓。

2019 年 1 月以后，股价结束了长时间的盘整，开始快速的拉升，带动顾比均线迅速向上发散，形成了明显的看多信号。此时，谨慎的投资者也可以积极追涨了。

6.4　江恩八线与布林指标的结合

BOLL 指标也常被称为布林指标、布林线、布林带或股价通道线，它是一种用于研判市场运动趋势、定位买卖位置的常用技术分析工具。在趋势分析方面，布林指标与江恩八线有共通之处，更有互补之处。把二者结合，能够加强判断的准确性。

6.4.1　初识布林指标

布林指标与前面介绍的 MACD 指标、KDJ 指标和 RSI 指标不同，它可以单独在指标窗口中显示，也可以叠加在主图上使用。但如果要和江恩八线进行结合，那么投资者就需要将其调整到指标窗口中了。

BOLL 指标主要由 3 条指标线构成，分别是上轨线、中轨线和下轨线，这 3 条线形成了一个价格通道，通过扩张、收束、压紧等方式，对股价的波动进行限制。

其中，布林中轨线实质上就是 20 日均线，时间周期同样可调。另外两条线都是基于中轨线进行计算的，公式如下所示。

$$上轨线 = 中轨线 + 两倍的标准差$$

$$下轨线 = 中轨线 - 两倍的标准差$$

理论认为，股价的运动总是围绕某一价值中枢在一定的范围内变动。布林指标正是借助这一理论，以 20 日均线为基准，绘制出一条"股价通道"，将其应用于实战之中，这一点从布林上轨线和下轨线的计算方式中也可以看出。

图 6-21 所示为指标窗口中的 BOLL 指标。

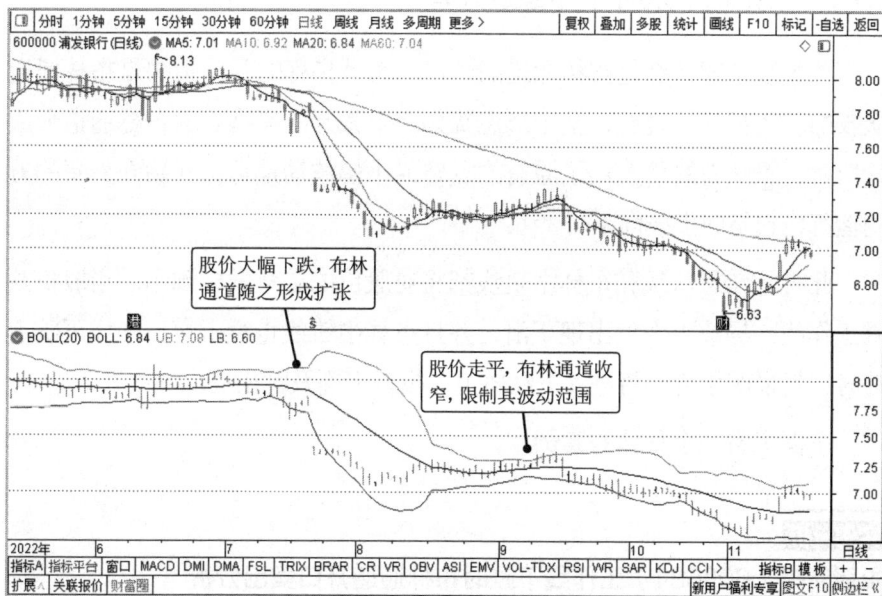

图 6-21　炒股软件指标窗口中的 BOLL 指标

从图 6-21 中可以很明显地看到，股价通道的宽窄会随着股价波动幅度的大小而自动调整。2022 年 5 月到 6 月，浦发银行（600000）的股价处于横向运行状态，整体波动幅度不大。为适应股价的窄幅波动，布林指标自动收缩，形成了比较紧窄的通道，限制住了股价的波动范围。

而当股价形成大幅变动时，布林指标又会根据其波动的范围进行通道大小的调整。

由此可见，布林指标不仅具有灵活性和变异性，还能在一定程度上帮助投资者判断后市走向，判断依据就是股价与这三条指标线的位置和交叉关系。

当布林指标与江恩八线同步对股价走势做出指示，形成双重信号后，就会向投资者发出相对可靠的买卖信号。下面就选取常见的布林指标用法，与江恩八线进行结合使用解析。

6.4.2　工作线下跌时布林通道开口

首先来了解什么是布林通道的开口。布林指标的开口指的是布林通道从收缩转为扩张的过程，整个形态犹如一个张开的喇叭。当布林通道形成开口时，意味着股价脱离了原有的盘整或小幅波动走势，开始向着新的方向运行，包括向上或向下。

此时，江恩八线和布林中轨线都将对股价的走势做出预示。当股价跌破工作线，导致工作线出现下滑，并且布林中轨线也被击穿，形成下跌走势时，就说明股价即将进入下跌轨道，投资者需及时出局。

下面来看一个具体的案例。

实例分析

永冠新材（603681）工作线下跌时布林通道开口卖出分析

图 6-22 所示为永冠新材 2021 年 12 月到 2022 年 5 月的 K 线图。

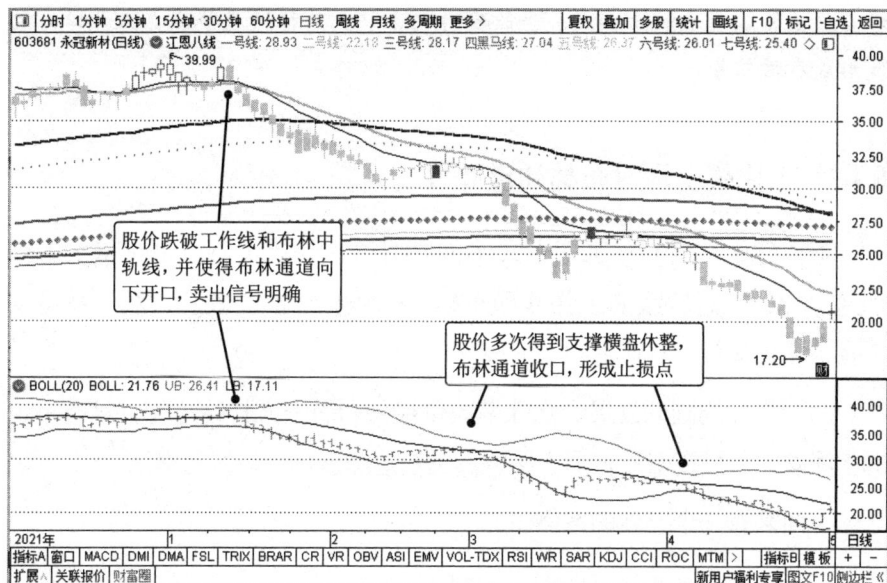

图 6-22 永冠新材 2021 年 12 月到 2022 年 5 月的 K 线图

从 K 线图中可以看到，永冠新材正处于下跌过程中。在 2021 年 12 月期间，股价还在相对高位进行缓慢的上涨，2022 年 1 月初，股价创出 39.99 元的新高，随后小幅下跌进入横盘整理。

在股价缓慢上涨乃至横盘的过程中，布林通道一直处于紧口状态，股价基本被限制在布林上轨线和下轨线之间，通道比较狭窄。江恩八线的工作线也长时间支撑在股价以下，后市走向暂时不明。

1 月中旬，股价突然连续收阴下跌，直接跌破了工作线，并很快带动其拐头向下，形成压制作用。此时来观察布林指标可以发现，在同一时间，布林中轨线也被跌破了，在后续跟随股价出现下滑，整个布林通道向下形成了开口。

两个指标同时发出的卖出信号，再加上股价的不断下跌，预示着股价已经进入了下跌走势之中，投资者最好尽早卖出。

从后市的走势也可以看到，每当股价在某一位置得到支撑进入横盘后，布林通道都有一次收口的过程，意味着股价暂缓了下跌走势，这些位置就可以作为被套投资者的止损点。当股价再次下跌,布林通道就会再次开口,反复形成看跌信号。

6.4.3　工作线上涨时布林通道开口

工作线上涨时布林通道开口指的是股价在经历盘整或是缓慢上涨后加速上冲,江恩八线的工作线和布林中轨线相继被突破后,双双被带动上扬,并且使得布林通道向上形成开口。

两个指标的同向发展,意味着股价也将向着上方持续运行,具有一定的上涨潜力,投资者可在形态出现后迅速追涨入场,持股待涨。

下面来看一个具体的案例。

实例分析

火炬电子(603678)工作线上涨时布林通道开口买入分析

图 6-23 所示为火炬电子 2020 年 5 月到 8 月的 K 线图。

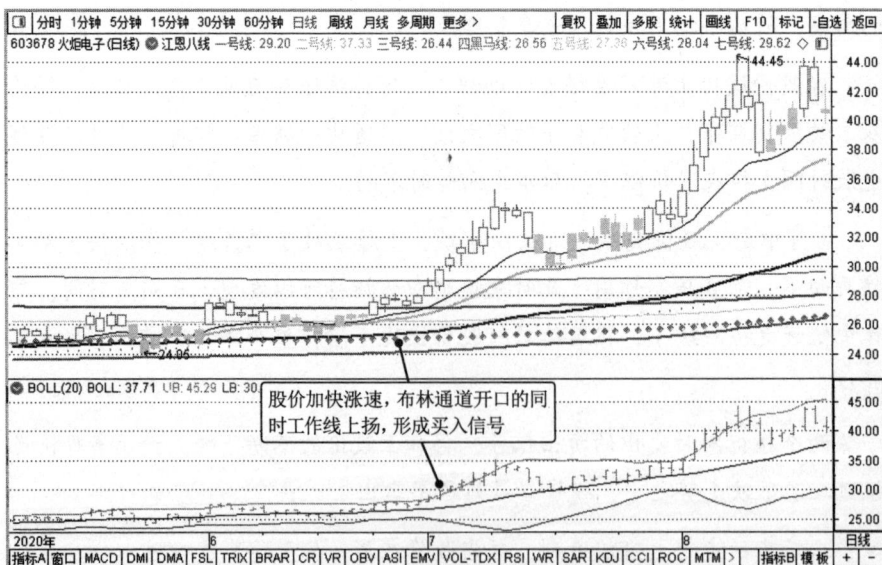

图 6-23　火炬电子 2020 年 5 月到 8 月的 K 线图

从 K 线图中可以看到，火炬电子正处于上涨行情之中。5 月到 6 月中旬，股价始终保持着缓慢上涨状态，股价踩在江恩八线的工作线上，在反复震荡中上行。布林指标也同样如此，股价长时间围绕着布林中轨线震荡，布林上轨线和下轨线保持着缩紧状态，限制着股价的波动。

6 月下旬，股价突然开始快速收阳上涨，彻底突破并向上远离工作线，带动工作线加大上扬角度。与此同时，布林中轨线也被突破，随后跟随股价上行，布林通道向上开口。

此时，两个指标形成的看多信号已经十分明显了，反应快的投资者应当在股价刚开始上冲时就买进。如果投资者错过了这一波买进时机，那么还可以在后续的回调过程中，布林通道收口时介入。

读 者 意 见 反 馈 表

亲爱的读者：

感谢您对中国铁道出版社有限公司的支持，您的建议是我们不断改进工作的信息来源，您的需求是我们不断开拓创新的基础。为了更好地服务读者，出版更多的精品图书，希望您能在百忙之中抽出时间填写这份意见反馈表发给我们。随书纸制表格请在填好后剪下寄到：北京市西城区右安门西街8号中国铁道出版社有限公司大众出版中心经济编辑部 张亚慧 收（邮编：100054）。此外，读者也可以直接通过电子邮件把意见反馈给我们，E-mail地址是：lampard@vip.163.com。我们将选出意见中肯的热心读者，赠送本社的其他图书作为奖励。同时，我们将充分考虑您的意见和建议，并尽可能地给您满意的答复。谢谢！

所购书名：_____

个人资料：

姓名：_____ 性别：_____ 年龄：_____ 文化程度：_____

职业：_____ 电话：_____ E-mail：_____

通信地址：_____ 邮编：_____

您是如何得知本书的：

□书店宣传 □网络宣传 □展会促销 □出版社图书目录 □老师指定 □杂志、报纸等的介绍 □别人推荐 □其他（请指明）_____

您从何处得到本书的：

□书店 □邮购 □商场、超市等卖场 □图书销售的网站 □培训学校 □其他

影响您购买本书的因素（可多选）：

□内容实用 □价格合理 □装帧设计精美 □优惠促销 □书评广告 □出版社知名度 □作者名气 □工作、生活和学习的需要 □其他

您对本书封面设计的满意程度：

□很满意 □比较满意 □一般 □不满意 □改进建议

您对本书的总体满意程度：

从文字的角度 □很满意 □比较满意 □一般 □不满意

从技术的角度 □很满意 □比较满意 □一般 □不满意

您希望书中图的比例是多少：

□少量的图片辅以大量的文字 □图文比例相当 □大量的图片辅以少量的文字

您希望本书的定价是多少：

本书最令您满意的是：

1.

2.

您在使用本书时遇到哪些困难：

1.

2.

您希望本书在哪些方面进行改进：

1.

2.

您需要购买哪些方面的图书？对我社现有图书有什么好的建议？

您更喜欢阅读哪些类型和层次的经管类书籍（可多选）？

□入门类 □精通类 □综合类 □问答类 □图解类 □查询手册类

您的其他要求：